이래도 미국을 믿을래?

이래도 미국을 믿을래?

김현철 기자의 미국통신

신아출판사

차례

I. 미국 그 허상 속의 음모

이 세상은 유대인이 조종하는 미국이 지배한다 • 8
6·25와 미국의 속내 • 23
문 닫는 교회가 속출하는 미국과 유럽 • 28
지금도 계속되는 미국의 인류학살 • 32
누가 미국을 인권국가라 했는가? • 36
이미 80년 전에 암은 완전히 정복됐었다 • 41
5·16은 미국의 작품이었다 • 46
미 언론도 정부의 통제를 받는다 • 54
효력 없는 구두 약속 • 60

II. 미국 동포 언론에 비친 미국 속의 한국인

당시의 국내 실정을 닮은 40년 전의 비민주적 한인사회 • 66
한인사회 민주화를 위한 투쟁 • 70
한인사회 민주화 투쟁의 첫 일패 • 76
주미 대한민국 외교관들의 이모저모 • 81
지역 언론 무시한 공관장의 말로 • 86
해상 이동호텔 호화유람선 취업 희망자들의 눈물 • 91
'꼭 필요한 언론'과 '악질 언론' 등 두 모습의 신문사 • 95
비판기사 썼다고 신변 뒷조사까지 당하고 • 100
조국의 민주투사들을 강사로 초빙한 강연회 • 104

한국전통문화 풍물놀이 '장승패' 창립 • 110
김수환 추기경의 마이애미 방문을 환영하며 • 115
허리케인 재난 동포 구제활동 • 118
흑인 민권투쟁 덕을 보는 미국 내 동포들 • 122
40년 기자 생활 중 두어 가지 실수를 뉘우치며… • 128
플로리다한인회 연합회의 쿠데타 • 134
사랑과는 먼 집단이기주의 교회 • 137
목사님이 가짜박사 장사꾼이라니 • 141
언론을 모함한 교역자 이야기 • 150

III. 이질문화 사이의 갈등과 화해

죽음 후의 삶을 알면 더 행복해진다 • 158
훌륭한 베트남 민족성 • 166
기도의 효과가 없다? • 169
'관광한국' 아직 멀었다 • 173

IV. 언론은 시대의 어둠을 밝힌다

패망 직전의 조국을 살린 언론 • 178
기자 감정 들어가야 하는 기사, 뉴저널리즘 시대 • 181
부러운 미국의 언론 보호 판례 • 184
언론의 첫째 사명은 사실 기록 • 188

언론의 정도正道는 '골빈 짓'인가? • 192
언론의 자유와 책임 • 196
자기 자식의 비리 보도 못하면 기자 아닌 위선자 • 200
우리말도 못 지키는 언론 • 205
정통언론과 사이비언론 • 209
비판과 비난과 비방은 어떻게 다른가 • 214
'20세기 중 미국에서 가장 탁월한 언론인' 이경원 대기자 • 218

V. 조국을 향한 구원의 기도

수천 청중을 기만했던 한국 최대의 오페라단 • 226
한국경제는 미국이 일으켰다 • 230
개신교인들의 불교사찰 침입을 보고 • 235
국제법에 어긋나는 '불평등게임' NLL 이대로 좋은가? • 239
미 원로도 7대 / 천 수한 미 대사도 • 243
내 국적을 빼앗기다니! • 252
뭐? 대통령이 부정선거와 무관이라고? • 258
일본에 한반도 재침략 기회를 줄 한·미·일 및 한·일 군사동맹 • 262
불쌍해 보이는 박근혜 대통령 • 272

추천의 글 • 279

I 미국 그 허상 속의 음모

01

이 세상은 유대인이 조종하는 미국이 지배한다

1

지금부터 약 300년 전 유럽지역 건축기사들이 런던에서 전 세계가 깜짝 놀랄 내용을 협의하기 위한 회합을 가졌다. 이들 대부분은 기하학 전문가들로서 유럽 각국 왕궁 건축으로 치부한 재력이 두둑한 유대인들이었다.

반기독교 세력인 이 건축기사들은 평소에 각 나라 왕들을 섬겨 본 결과 이들이 부모를 잘 만나 왕이 된 것이지 두뇌는 거의가 바보 수준임을 깨달았다. 드디어 저런 바보들이 세상을 지배하는데 우리가 못할 것이 무엇이냐는 생각에 이르렀고 언젠가는 자기네 두뇌집단이 전 세계를 지배하기 위해 '세계단일정부'를 세우자는 데 공감대를 이루고 있었다.

이들은 루시퍼Lucifer를 숭배한다고 하는데 루시퍼란 사탄(악마 또는 타락한 천사)이며 6천 년 전 이집트의 오시리스Osiris 신과 그의 부인 이시스Isis 여신, 이 두 신의 아들 호루스Horus 신(태양신)을 삼위일체로 하는 태양신 숭배자들로 알려져 있다.

이러한 사실은 여러 차례 살해 협박을 당하면서도 끝내 뜻을 이루고 만 영국첩보장교 출신 존 콜먼John Coleman 박사의 저서 ≪음모의 지배계급 300인 위원회The Committee of 300≫를 통해 많은 사람들에게 그 실체가 알려졌지만 아직 그 책을 접하지 못한 분들을 위해 그 핵심 내용만 싣는다.

이들 프리메이슨Freemason = Free Stonemason(자유로운석공조합=일루미나티Illuminati의 하부 조직)은 몇 차례의 모임 끝에 미래의 세계 정세를 어떠한 방향으로 요리해야 목적을 빨리 달성할 수 있을 것인가를 면밀히 협의한 끝에, 겉으로는 자유·평등·박애를 기치로 내걸어 외부 인사들에게 호감을 주면서 몇백 년에 걸친 전 세계 정복 계획서가 될 헌장(시온 의정서)을 제정했다.

그 헌장 속의 주 내용 중에는 현재의 광활한 미국 대륙을 침공, 7천만 원주민Native American을 청소(현재 전 미국 각 도시 교외에 1~2백 명씩 상징적으로 모두 약 250만 명만 남겨 놓고 있음)하고 새 나라를 만들어 전 세계를 지배해 나간다는 계획도 포함되어 있었다. 그 후 백여 년이 흐르면서 그들은 헌장에 따라 오늘날 초강대국이 된 미국을 세웠고 이어서 1, 2차 세계대전을 승리로 이끈 후 유엔 및 산하기구(WTO·IMF·FTA 등) 발족 등 오늘날 지구상의 거의 대부분의 나라를 좌지우지하는 지금의 '세계그림자정부' 체제를 이룩한 것이다.

소련 공산화, 베트남 전쟁, 한국 전쟁, 아프간 전쟁, 이라크 전쟁 등…. 이들이 전 세계를 도마 위에 올려놓고 마음대로 요리하며 그들의 또 다른 실체인 미 군산복합체(다국적기업) 및 미국과 유럽을 비롯한 전 세계 대기업들의 한없는 욕구 충족을 위해 수단 방법 가리지 않고 노력하고 있는 사실은 믿기가 어려울 정도다.

미국의 퍼민덱스Permindex(Permanent Industrial Exposition의 약자 = 상설산업전시사)라는 이름의 직속 회사는 '300인 위원회'의 직계 암살기관의 간판 가운데 하나로서, 1963년 11월, 자기네 뜻대로 안 되는 케네디John F. Kennedy 대통령의 암살에 관여했다고 전해진다. 또한 이탈리아 수상 '모로'도 300인 위원회의 이탈리아 산업경제 붕괴노선을 거부했기에 암살당했다. 즉 이들에게 불가능은 없다는 얘기다.

'암흑세계 권력의 정점으로서의 300인 위원회'로 알려진 이 모임의 정회원은 바티칸 그리고 바티칸과 함께 세계 3대 부호로 알려진 엘리자베스 영국 여왕, 영국정보기관, 처칠 전 영국 수상, 한국의 IMF 때 막대한 돈을 벌어 간 유대계 부호 로스차일드 가문, 미국의 거부 록펠러, 카네기 가문, 미 군산복합체 및 대기업체 사주들, 맥아더 장군, 영향력이 막강한 천주교와 개신교의 고위 성직자, 미 CIA와 FBI, 모든 미 유력 언론사, 미국 정부의 간섭 없이 미화를 마음대로 찍어내는 권한을 가진 연방준비은행 등을 포함한 전 세계 3백대 부호들이지만 최고위 '13인 위원회'는 모두가 유대인들로 구성되어 있는 거부 집단이다.

산하 회원 수는 전 세계에 약 570만, 그중 대부분인 약 5백만이 미국에 있고 전 세계에 약 70만이 흩어져 있으며 한국에는 대기업체장들을 비롯해 약 6만 명이 프리메이슨 한국 로지(지부, 국내에 3개 지부가 있다.) 회원인 것으로 알려져 있다.

미국 독립선언서가 낭독된 현장의 조지 워싱턴George Washington

초대 대통령의 2백여 년 전 사진(조지워싱턴 프리메이슨기념관 보관)을 보면 프리메이슨이 미국을 세웠음을 입증이라도 하듯 프리메이슨의 상징인 컴퍼스(남성 오시리스 신을 상징)가 아래로 향하고, 이를 아래에서 위로 받치고 있는 직각 잣대(이시스 여신의 상징)가 맞물려 있는 그림이 들어 있는 앞치마를 입고 바른손에는 역시 건축 기사(석공, Mason)용 흙손(앞치마와 함께 세계를 요리하는 기구를 상징)을 들고 있다. 또 다른 사진을 보면 이날 건국 축제에 참석한 모두가 기하학을 상징하는 삼각형(모자)과 사각형(상의) 등의 디자인으로 된 프리메이슨의 유니폼을 입고 있다.

흙손과 독립선언문을 들고 있는 조지 워싱턴 미 초대 대통령이 프리메이슨의 상징인 컴퍼스와 직각 잣대가 맞물린 앞치마(세계를 요리하는)를 입고 있다.

세계에서 가장 높은 오벨리스크, 워싱턴기념탑 (약 169미터)

2

미국 국새The Great Seal of the United States(國璽)에 그려져 있는 불사조Phoenix(고대 이집트의 매)와 6각형(유대인의 상징 다윗의 별), 1달러짜리 지폐에 새겨진 이집트의 피라미드(오벨리스크 = 태양신의 상징), '모든 것을 보는 신의 눈'All-Seeing Eye(호루스 신의 상징) 등은 모두 프리메이슨 및 미국을 상징하는 그림들이다.

이 밖에도 프리메이슨과 미국의 상징으로 역5각형(국방성 건물 Pentagon은 역5각형을 뜻함)과 숫자 13(미 독립 직후 성조기의 별 수와 주의 수) 등이 있다. 현 이스라엘 군의 전차에 직각 잣대가 표시되어 있는데 이 또한 프리메이슨의 상징이다.

대한민국 경찰의 정복 모표도 광복 직후 미군정의 영향으로 무궁화 위에 미국을 상징하는 불사조(매)가 앉아 있는데 광복 후 70년이 되어오는 오늘날에도 아직 그대로다. 미국을 상징하는 불사조가 깔고 앉은 무궁화 즉 언제까지 미국의 지배 아래 있는 대한민국이란 말인가?

전 세계에서 가장 많이 통용되고 있는 1달러 지폐를 다시 한 번 유심히 보면 앞면은 초대 대통령인 조지 워싱턴, 뒷면에는 이집트의 오벨리스크Obelisk(첨탑)가 그려져 있다. 이집트의 19개 오벨리스크(피라미드) 중 유럽인들이 이집트에서 15개나 뜯어다 런던의 테임스 강변, 바티칸의 베드로 성당 대광장, 프랑스의 콩코드 광장, 로마의 라테란 궁 앞 등 여러 곳에 옮겨 신성시하고 있으니 기독교 구교인 천주교 바티칸 교황 등 대부분의 추기경 및 개신교 그리고 유대교 고위직 성직자들을 비롯한 프리메이슨 회원들은 겉으로는 예수의 기독교를 믿는 척하면서, 실제로는 이집트의 태양신을 받들고 있는 게 분명하다.

아니라면 이들은 '내 앞에 다른 신을 받들지 말라.'는 기독교 십계명 중 가장 중요한 계명을 어기고 1년에 한 번씩 루시퍼 사탄에게 기도를 드리며 갓난아이를 불 속에 던지는(번제) 태양신교 제사에 왜 참여하고 있는가?

세계에서 가장 높은 오벨리스크, 워싱턴기념탑Washington Monument (1884년에 완성된 높이 약 169미터의 첨탑)은 높이 555피트, 땅속으로 111피트, 그래서 도합, 악마의 숫자인 666피트가 된다. 왜 미국이나 유럽인들은 이 단순한 건조물을 자기네 나라로 옮기거나 세우는 데 그토록 집착할까?

이 전형적이고도 노골적인 이교도(태양신교)의 상징이 전 세계 천주교 본산인 바티칸의 성베드로대성당 뜰 정중앙에 모셔져 있는 이유를 어떻게 설명할 수 있으며 천주교 및 개신교 강대상 앞에 새긴 IHS (Isiris · Horus · Sebt 태양신)을 어떻게 해석해야 할까?

프리메이슨 회원들은 옛날부터 태양신(호루스) 종교가 오늘날 예수라는 이름으로 나타난 기독교 구교(천주교)와 신교인 개신교로 이름만 바꿔놓았음을 알고 있는 것이 아닐까?

1달러 지폐의 뒤쪽 그림, 피라미드 위아래의 라틴어들을 살펴보자. 영어가 전 세계 공통어로 쓰인 지 오랜데 지난 1930년대에 만들었다는 미국의 돈에 영어가 아닌 라틴어라니? 종교개혁의 아버지인 마틴 루터의 주된 업적 중 하나가 바로 라틴어로 된 성경을 독일어로 번역한 것이다.

이후 대부분의 국가에서 성경을 자국어로 번역, 출판함으로써 모든 사람들이 성직자의 해석을 통하지 않고 직접 하나님의 말씀을 접할 수 있게 되었으며, 이는 종교 개혁 내지 개신교의 발흥에 결정적인 영향을 미치지 않았던가? 이런 개신교 신자들이 모여 만든 나라인 미국의 상징에 왜 다시 라틴어가 등장해야 하느냐는 말이다.

그 라틴어 내용을 보자.

ANNUIT COEPTIS는 영어로는 God has favored our undertaking 인데 직역하면 '신은 우리의 사업을 지지하신다'. 그리고 아래쪽의 NOVUS ORDO SECLORUM은 영어로 A New Order for the World가 되므로 '신 세계 질서'라는 뜻이다.

프리메이슨이 헌장에서 밝힌 '세계단일정부', 다시 말해서 요즈음 그들이 외치는 '새로운 세계 질서'라는 말을 미화 1달러 지폐에 삽입한 것이다.

지난 2000년, 이제 전 세계를 거의 다 장악했음을 축하하듯 워싱턴 기념탑 앞에서 열린 카리스마 넘치는 초호화판 밀레니엄

Millennium(천년마다 열리는) 축제에서 프리메이슨 멤버인 클린턴 Bill Clinton 미대통령은 턱시도 왼쪽 가슴 위에 작은 배지Badge를 달고 있었다.

대통령이 중요한 행사에 달고 나온 배지라면 그만큼의 중요성과 의미를 갖고 있어야 할 텐데 이 단순한 디자인의 배지는 대통령으로서의 클린턴과 관련된 정부 부처 등 기타 어떤 상징도 담고 있지 않는, 바로 태양신 호루스의 상징이자 미국 1달러 지폐에도 그려져 있는 이집트의 모든 것을 보는 신의 눈All-Seeing Eye이었다.

오히려 배지나 브로치(Brooch)를 달고 있어야 할 부인 힐러리Hillary나 딸 첼시Chelsea 등 여자 가족들은 아무런 배지도 브로치도 달고 있지 않았다. 이것은 워싱턴 기념탑의 경우와 같은 맥락에서 프리메이슨의 의식Ritual과 관련지어 생각할 수밖에 없는 것이 아닌가!

즉 미국은 외관상 청교도들이 세운 나라인 것처럼 전 세계에 알려져 왔지만 사실 그들은 하수인들이었을 뿐 실제로는 그들 뒤에 숨은 이집트 태양신을 믿는 프리메이슨이 세운 나라라는 것이 옳다. 그러니 초대 조지 워싱턴, 2대(잔 애덤스John Adams), 3대(토머스 제퍼슨Thomas Jefferson), 최근의 클린턴, 부시, 오바마에 이르기까지 대부분의 미국 대통령이 프리메이슨 멤버들임은 너무도 당연한 일이다.

3대 미대통령 토머스 제퍼슨이 선배인 2대 대통령 잔 애덤스에게 보낸 편지 중 '예수가 처녀 자궁에 그의 아버지인 여호와에 의해 신비하게 잉태되었다는 이야기는 지혜의 여신 미네르바

Minerva가 주피터(제우스신)의 뇌에서 태어났다는 우화 같은 범주로 분류될 날이 올 것입니다.'라고 예언했던 것을 봐도 대부분의 미국 역대 대통령이 겉으로만 기독교인일 뿐 실제로는 태양신교 교인들이었음을 입증하고 있는 것이다.

호루스 신을 상징하는 불사조, 신의 눈, 프리메이슨의 상징인 13을 의미하는 미 독립 당시 13개 주를 상징하는 국기가 그려진 미국 국새

미국 1달러 지폐의 뒷면. 왼쪽 피라미드 위의 빛나는 눈은 만물을 볼 수 있는 눈 즉, 신성한 존재 호루스 신을. 오른쪽 깃털이 32개 달린 독수리는 프리메이슨의 등급 수를 상징

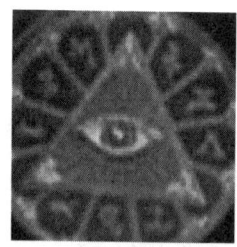

클린턴 대통령이 가슴에 달았던 호루스(태양신) 배지

'IHS'가 명시된 기독교 강대상

3

프리메이슨은 자기네 회원이 아닌 사람이 미국 대통령 후보로 나올 때도, 공화·민주 양당 후보에게 카터Jimmy Carter처럼 막대한 선거비용을 대준다.

그 대가는 당선되면 그 보답으로 프리메이슨의 요구(카터 대통령 안보 보좌관에 브레진스키를 임명하고 그의 사전 허가 없이는 중요 서류에 카터 대통령이 사인을 못 한다는 등)를 무엇이든 수용한다는 사전 약속을 받아낸다.

그 후 약속을 어기든지 프리메이슨 멤버라도 명령에 안 따르면 그 자리를 유지할 수 없다(예 ; 링컨·케네디 등)는 것이 프리메이슨의 존재를 알고 있는 일부 지식층 미국인들의 상식이다.

뉴욕의 명물 자유의 여신상Statue of Liberty도 대부분 미국 국민들은 프랑스 정부가 미국 독립을 축하하기 위해 보낸 선물로 알고 있지만 실은 1885년에 프랑스 파리지역 프리메이슨 로지Lodge(지부)가 동료인 미국 프리메이슨에 의해 새 나라가 건국되었음을 경축하는 선물로서 프리메이슨 회원인 조각가 바르톨디를 시켜 제작한 것이었다. 그리고 '자유의 여신'은 이집트 6천 년 전의 이시스 여신을 상징한다.

이러한 고대 이집트 신에 대한 프리메이슨의 절대적인 숭배 사상은, '기독교의 원 뿌리가 고대 이집트의 오시리스-이시스-호루스 신'이라고, 서기 전 9세기까지의 고문서를 샅샅이 뒤져 연구한 저서 ≪예수는 신화다≫ The Jesus Mysteries ; Was the original Jesus a Pagan God?(1999)를 통해 밝힌 두 교수(옥스퍼드 대 종교학 Timothy Freke, Peter Gandy)의 주장과 너무도 같다는 사실이 놀랍지 않은가.

빌리 그레엠 · 라벗 슐러 · 펫 라버쓴 등 세계적으로 명망이 높은 수많은 개신교 교역자들과 천주교 교황, 추기경 등 고위 성직자들, 그리고 전 유대교 성직자들까지 회원으로 거느리면서 프리메이슨이 미국을 기독교 국가인 것처럼 위장하고 있는 이유는 무엇일까를 생각해 보자.

프리메이슨의 입장에서 볼 때 세계단일정부를 수립하기 위한 목적 달성을 촉진하는 데 기독교처럼 유용한 종교가 있었을까? 당시 대부분의 유럽 지역이 기독교권이었기에 사람들의 환심을 사려면 스스로가 기독교인을 자처할 수밖에 없었을 것이다.

겉으로는 미국이 학교에서도 성서를 가르칠 만큼 경건하고 독실한 기독교인 행세를 하고, 속으로는 6천 년 전의 이집트 태양신의 법맥을 이어보자는 깊은 뜻이 숨어 있다는 사실, 그 밖에 달리 해석할 방법이 없는 것이다. 그래서 프리메이슨의 회원이 되는 자격은 어느 종교를 믿는지를 따지지 않고 '온 세상을 주관하는 절대자만 인정한다.'고 하면 되는 것이다. 이것이 기독교란 말인가?

이제야 미국 정부가 전 세계의 욕을 먹어가며 팔레스타인 사람들을 괴롭히는 이스라엘의 앞잡이 노릇을 하고 있는 이유, 또 기독교 국가라는 미국의 일부 공사립학교 휴일 중에는 유대인(3억 미국 인구 중 6백만)들의 종교인 유대교Judaism의 휴일인 패스오우버Passover(신이 이집트에서 유대인들을 해방했다는 축일), 얌키퍼Yom Kippur(대속죄일), 롸쉬하샤나Rosh Hashanah(유대인들의 설날) 등 여러 휴일이 모두 포함돼 있는 수수께끼가 풀리지 않은가!

'나라의 아버지 프리메이슨'의 영향으로 2%밖에 안 되는 유대인들의 마음대로 98%가 끌려다닐 수밖에 없는 것이 오늘날 지구상의 유일한 초강대국이라는 미국의 참모습인 것이다. 즉, 미국은 프리메이슨의 나라라는 뜻이다. 앞으로 미국의 수도 '워싱턴디씨'(1800~)를 방문할 기회가 있는 분은 일반인들은 잘 모르니 프리메이슨에 조예가 있는 분을 만나 그냥 관광만 하지 말고 도시계획이 프리메이슨의 상징인 컴파스, 불사조(고대 이집트의 매)의 머리 등 대로가 프리메이슨의 상징들로 짜여 있음을 확인하시기 바란다.

프리메이슨이야말로 '종교란 평민들에게는 진실로 믿어지고 현자들에게는 사기로 취급되며 통치자들에게는 유용한 것으로 이용되는 것'이라고 한 네로 황제의 스승, 세네카Lucius Annaeus Seneca(3 BC~65 AD)의 가르침을 제대로 이해하고 있다고 보아야 할 것이다.

프리메이슨의 헌법인 〈시온 의정서〉에 따르면 전 세계 각국이 미국에 100% 복종하는, 다시 말해서 세계단일정부라는 목표가 100% 완성되는 때를 세계3차 대전이 막 끝난 후로 설정하고 있다.

미국을 제외한 강대국들이 엄청난 수입을 올릴 수 있는 각종 이라크 재건 사업을 따내려고 이라크 침공 직후 얼마나 미국에 아부하고 굽실거렸느냐를 생각해 봐도 말만 독립국가들일 뿐 실제로는 미국의 영향권 안에서 벗어날 수 없음을 알 수 있다. 대한민국은 그보다 더 미국의 속국 냄새를 피우는 실정이 아닌가.

이들의 〈시온 의정서〉에 따르면 현재까지는 그렇지 않은 중국, 쿠바, 북한, 이란, 베트남 등 나라들마저도 3차 대전이 끝난 후에는 모두가 프리메이슨의 마음대로 된다니 3차 대전은 다시 미국의 승리로 돌아간다는 것을 암시하고 있다.

한번 결정된 한미 FTA마저도 국제관례를 무시하고 미국이 다시 개정하자고 강요하는 깡패 같은 행동을 거부했다가는 바로 닥치는 훨씬 큰 보복을 어쩔 것인가? 여기에 약소국가의 비애가 도사리고 있는 것이다.

절대 다수인 99%의 순진한 전 세계의 서민층 대중들은 옛날, 1%의 이 머리 좋고 교활하기 짝이 없는 집단이기주의자들(자본주의자들 =오늘날의 다국적 기업)이 계획했던 대로 현대판 노예가 될 날을 거부할 수 없는 세상에 살고 있다.

프리메이슨이 아직은 이 지구상에서 가장 무서워하는 단 하나의 조직은 고삐를 잡을 수 없는 국제 비정부기구Non-Governmental Organization = NGO(시민연대 같은 민간단체)뿐이다. 즉 자발적으로

이집트 이시스 여신을 상징하는 자유의 여신상

건국 70주년이 다 되어오는 오늘까지 대한민국(무궁화) 경찰은 아직도 미국의 영향(프리메이슨의 상징인 매) 아래 보호받고 있음을 상징하는 미 군정청 제정 모표를 그대로 쓰고 있다.

봉기하는 대중들 외에는 두려워할 대상이 없는 것이다.

미국의 세기적인 지성이요 양심이라 불리는, 촘스키Noam Chomsky (1928~, MIT 교수)는 몇 해 전 브라질의 포르투알레그레에서 열린 세계사회포럼에서 "전 세계적으로 걷잡을 수 없이 확장되는 '자본주의'(주로 경제침략을 하는 제국주의)로 세계의 부가 갈수록 소수에게 집중되고 있으며 미국이 언젠가는 세계화의 결과로 증가되고 있는 무산대중들을 상대로 즉석에서 대량살상무기들을 사용할 때가 온다."고 주장, 그 자리에 참석한 각국 대표들의 기립 박수갈채를 받았었다.

프리메이슨이 이 세상에 하나 더 두려운 존재가 있다면 바로 촘스키처럼 전 세계에서 몇 안 되는 의식이 올바른 양심파 지성인들뿐이다. 혹시 이 글을 하나의 '설'로 받아들이는 분들 중 자신이 99%에 속하는 존재라 믿는다면 1%가 주장하는 거짓말에 속지 말고 당장 촘스키 교수의 저서 ≪촘스키, 누가 무엇으로 세상을 지배하는가≫(시대의 창) 또는 ≪507년, 정복은 계속된다≫(오애리 옮김) 등을 읽어 보시기 바란다. 눈이 번쩍 뜨일 것이다. 미국에서도 정부의 눈치를 보느라 촘스키 교수의 책이 큰 출판사에서 발행되질 못할 뿐 아니라 큰 방송이나 신문도 정부의 눈치를 보느라 그를 경계하고 있는 실정이다. 그래서 양심파 기자들은 그에게 뒤로 정보를 제공하고 있단다.

NGO와 양심파 지성인들이 부르짖는 '부의 균등 분배' 및 '인권'이라는 절체절명의 명제가 과연 이 세상에서 앞으로 얼마나 더 버틸 수 있을 것인지 미래가 암담할 뿐이다.

02

6·25와 미국의 속내

해마다 6월이 되면 우리 한민족이 꼭 기억해야 할 것이 있다. 6·25 전쟁으로 우리 남북한 민족이 자그마치 4백만 명이나 목숨을 잃었고 실종과 부상자까지 합한다면 무려 6백만이나 희생당했다는 사실이다.

한반도 전체에서 봉기했던 1919년의 3·1 운동 때는 잔악무도한 일본 군경에 의해 30만 명의 애국자들이 목숨을 잃었다. 그러나 6·25 전쟁에서는 그 13배가 넘는 희생을 치렀으니 한민족이라면 어찌 6·25 전쟁을 잊을 수 있으랴!

이렇게 우리 민족에게 일어나서는 안 될 전쟁이 왜 일어났는지 그 배경을 아는 분이 우리 국민 중 과연 얼마나 될까? 거의 대부분의 우리 국민은 6·25는 북한 김일성이 적화통일을 위해서 남침했기 때문에 일어난 전쟁이라는 사실만 알 뿐 그렇게 김일성이 남침을 강행할 만한 여건을 누가 만들어 주었는지는 아는 분이 거의 없는 현실이다.

1950년 6·25 바로 1년 전인 1949년 6월 29일, 당시 대한민국 국군의 북한군 남침 대비 군사력은 거의 전무한 상태여서 미군 철수를 결사반대한다는 이승만 대통령의 여러 차례의 호소를 끝내 외면하고 미국은 5백 명의 비무장 군사고문단만 남겨둔 채 주한미군 무장병력 전원을 일본으로 철수시키는 짓을 감행했다.

거기에서 그치질 않고 미 애치슨 국무장관과 맥아더 미 극동군사령관은 곧이어 기자회견 석상에서 '미국의 극동방어선은 일본'임을 전 세계에 공포했다.

왜 미국은 북한이 전쟁 준비에 혈안이 되어 남침 기회를 호시탐탐 노리고 있다는 군사 정보를 입수한 후 많은 시간이 흘렀음에도 한국군의 군사력 증강을 철저히 외면했을까? 왜 미국은 국군이 전쟁 준비가 전혀 안 되어 있는 상태에서 그토록 무장 미군을 전원 철수시켜야 했을까? 또 미국은 왜 이렇게 한반도는 미국 극동방어선에서 제외된다는 사실을 전 세계에 그토록 빨리 알려야 했을까?

국군 군비 증강 이후 철수를 하든지 아니면 철수 후라도 이를 공개하지 않고 그냥 모르는 척 지냈다면 한반도 사태는 전쟁이라는 사태까지 몰고 가지는 않았을 것이요, 당시 북한이 남침 준비를 완료했다는 정보를 갖고 있던 미국이 진심으로 북의 남침을 염려했다면 국군의 군비 증강 기회를 얼마든지 마련해 줄 수 있지 않았을까? 그러나 미국 정부의 내심은 그게 아니었다.

우리 국군에는 한 대도 없는 탱크와 전투기를 북한은 2백40여 대와 210여 대, 10만밖에 안 되는 국군의 3배가 되는 인민군 30만 등, 남침 준비를 완료하고 기회만 노리던 김일성에게 두 미 고위

충의 공식성명은 일생일대의 기쁜 소식이 아니었을까? 한반도는 미극동지역 방어선에서 제외된다는 성명을 발표한 미국이 김일성의 남침을 기다렸다는 듯 6·25 남침 1주일 후 한국전에 참전함으로써 뒤늦게야 김일성은 물론, 남침을 김에게 승락한 소련 수상 스탈린과 중공의 마오쩌둥이 미국에 속은 사실을 알았지만 때는 이미 늦었었다.

그렇다면 왜 미국이 이런 짓을 했을까? 당시 미국의 국내 정세를 살펴보면 원자탄 투하로 일본을 3년 앞당겨 항복시킨 미국 정부는 그 후 국내 방산업체들이 제조한 3년간의 무기가 적체되는 바람에 업자들의 견딜 수 없는 저항에 직면했고 이를 해결하기 위해서는 지구상 어디에선가 또다시 전쟁을 일으켜 무기를 소모해야 할 처지에 직면해 있었다. 그리고 미국은 바로 이 문제 해결책을 한반도에서 찾은 것일 뿐이다. '미국은 피를 먹고 사는 나라'라 하지 않았던가. 바로 브루스 커밍스 교수 등 동아시아 정세에 밝은 학자들이 제기하는 '미국의 북한남침유도설'이 힘을 얻는 이유이다.

원래 미국이라는 나라는 우리 한국국민들이 생각하는 것처럼 그렇게 선량한 나라도, 남의 나라를 무조건 도와주는 자비심 많은 나라도 아니다. 중남미 여러 나라를 비롯해 베트남, 이라크, 팔레스타인, 아프간 등, 미국 국익에 맞아떨어지면 언제나 침략을 감행하는 것이 미국의 외교 정책임을 의식이 올바른 나라 국민들, 그리고 의식이 깨어 있는 우리 국민들도 많이 알고 있는 사실이다. 거기에다 자기네 국익에 맞으면 다른 나라 국민 몇 백만이 희생되어도 눈 하나 까딱하지 않고 군사력을 침투시켜 국익

6·25 전쟁 직전에 미극동 방어선은 일본까지임을 전 세계에 알려 김일성과 스탈린을 현혹시킨 미국무장관 딘 애치슨과 극동군사령관 맥아더 원수.

을 챙기고야 마는 비정한 나라가 미국이다. 그래서 이런 내용을 아는 분이 미국을 제국주의 국가라고 하면 당장 국내 보수진영은 '종북, 좌빨' 등으로 매도하는 안타까운 현상이 벌어진다. 제국주의란 무력 또는 경제력으로 남의 나라를 침략하는 정치 체제가 아닌가. 분명히 미국은 제국주의 국가가 맞다.

1905년에 체결된 미국과 일본의 '가쓰라 테프트 밀약'을 보아도 우리 국민이 미국의 참모습을 알 수 있는 좋은 예가 될 것이다. 그 내용은 미국이 필리핀을, 일본은 한국을 독점하는 데 상호 간에 간섭하지 않고 양해한다는 것이다. 물론 당시 한국의 국권을 강제 침탈한 것은 분명히 일본임에 틀림없다. 그러나 그 뒤에는 이렇게 미국이 일본의 버팀목이 되어 대한제국의 멸망에 기여했던 것이다.

세계에서 몇째 안 가는 막대한 유전(오일)을 빼앗기 위해 '이라크가 대량 살상 무기를 숨겨놓고 있다.'는 엉뚱한 거짓말로 자국 국민들을 비롯해서 전 세계 인류를 속인 후 남의 나라를 침략해서 수십만 이라크 사람들을 죽이고 그 나라의 대통령을 납치해 사형 집행까지 한 깡패 행동, 그리고 모든 목적을 달성한 이제 와서는 '대량살상 무기가 있다는 정보는 잘못된 정보였다.'며 오리발을 내놓는 나라, 이게 바로 미국이 아닌가.

자기네 미군 3만 6천여 명의 전사자(전상자는 10만여 명)까지 내면서도 한국을 공산도배들로부터 지킨 미국이다. 이는 우리 대한민국을 위한 것이라기보다 미국의 패권 확보를 위한 불가피한 조치였다. 이렇게 미국은 지정학적으로 보아 대한민국이야말로 대 중공 및 대 러시아를 위한 전략적 최전방 기지로 절대로 포기할 수 없는 요충지라는 사실, 즉 미국의 극동방어선은 일본이 아닌 한국임을 십분 활용해서 우리의 대미 외교는 추호도 저자세를 보이지 않아야 할 것이다.

03

문 닫는 교회가 속출하는 미국과 유럽

지금부터 백여 년 전인 19세기경까지만 해도 종교 지도자(성직자 = 교역자)들이 신의 저주를 악용해서 신자들을 협박할 수 있었던 것은, 당시만 해도 대부분의 신자들의 의식 수준이 그래도 될 만한 정도였기 때문이었다. 오늘날과 같이 고등교육을 받은 신자 수가 대부분이고 지식 및 의식 수준이 성직자들보다 훨씬 높은 신자들이 넘쳐나는 지금에 와서는 신의 저주를 악용하려 드는 성직자들은 의식 수준이 높은 신자들로부터 경멸당하는 세태가 된 지 오래다.

지난 2005년 8월 25일, 미국 사상 가장 피해가 큰 허리케인 중의 하나인 카트리나Hurricane Katrina 태풍으로 루이지애나주의 뉴올린스New Orleans, Louisiana(인구 35만)가 물에 잠겨 1,836명(사망 및·실종)이라는 엄청난 인명피해와 810억 달러(약 90조 원)라는 막대한 재산 손실을 입었다.

그때, 전 미국 대통령 후보였던 롸버쓴 목사Pat Robertson(미국에서 가장 유명한 텔레비전 복음 전도사 중 하나)는 텔레비전 복음 전도 중 '뉴올린스에 살고 있는 레즈비언 커미디언Lesbian Comedian (동성애자 커미디언) 때문에 태풍이 온 것'이라고 주장했다.

이 방송을 보고 있던 수천만 명의 미국인 시청자들 중 상당수는 실망감을 감추지 못했다. '그런 것까지 관여하시는 하나님이라면 그 레즈비언 커미디언만 심장발작이라도 일으켜 데려가면 되지 왜 죄 없는 그 많은 시민들에게 피해를 주느냐? 이 목사가 제정신이냐?'라는 반응이었다.

2005년 11월 펜실베이니아 주 도우버Dover, Pennsylvania 시민들이 지적설계Intelligent Design(생명이 지적 존재에 의한 피조물이라는 입장을 취함. 창조론과 비슷함)를 교육과정에 포함시킴으로써 도우버 시를 조롱의 대상, 나아가 악명의 대상으로 만들었다는 이유로 13명의 기독교 근본주의자 후보들을 지역 교육위원 선거에서 전원 낙선시켜버린다.

그랬더니 이에 발끈한 롸버쓴 목사는 또다시 안하무인격인 저주를 퍼부었다. "도우버 지역에 재앙이 닥치더라도 신을 찾지 말라, 도우버 시민들은 방금 도우버에서 신을 몰아냈으니 문제가 생길 때 신이 왜 도와주지 않는지 궁금해하지도 말라. 도우버 시에 문제가 생긴다면 여러분이 방금 도우버 시에서 투표를 통해 신을 몰아냈다는 사실을 꼭 기억하라. 그리고 문제가 생겼을 때 신에게 도움을 요청하지도 말라. 거기에는 신이 없을지도 모르니까." 이때 도우버 시민 및 미국 기독교인들의 반응은 실망의 연속일 뿐이었다.

그 후 지금까지 도우버 시민들은 별 탈 없이 잘 지내고 있으니 하나님도 이 목사의 말이 잘못된 것인 줄 아셨기 때문일까?

미국의 유명한 복음전도사Evangelist가 이 정도의 수준이니 똑똑한 미국 기독교인들이 실망하지 않는다면 더 이상한 일일 것이다.

이래저래 미국과 유럽 등 기독교가 먼저 흥성했던 앞서가는 나라들은 몇십 년 전부터 기독교 신자가 자꾸 줄어서 교회가 문 닫는 곳이 해마다 늘어 미국의 경우 한국 동포들이 미국 교회를 거저 또는 헐값에 사는 경우가 허다한 실정이다.

이렇게 신자가 없어서 운영난으로 교회 문을 닫는 경우는 기독교 구교인 천주교 2천 년 역사상 그리고 신교인 개신교 4백여 년 역사상 처음 있는 일로, 영국의 경우도 다른 유럽 지역과 마찬가지로 유서 깊은 교회 대형 건물들이 술집Pub 간판을 내걸고 있는 경우가 속출하고 있는 실정이다.

일찍이 기독교 개신교의 아버지 마틴 루터Martin Luther(1483~1546)는 종교 개혁 후 신자들에게 '이성때뺘은 신앙의 가장 큰 적이다. 그것은 영적인 것에 결코 도움이 되지 않으며 신으로부터 흘러나오는 모든 것을 경멸함으로써 신의 말씀에 맞설 때가 한두 번이 아니다. 기독교인이 되고자 하는 사람은 누구나 이성으로부터 시선을 돌려야 한다.'고 기회가 있을 때마다 강조했다.

그런데 인간이 짐승과 다른 것은 바로 냉철한 이성을 가지고 있기 때문임을 인정한다면 정상적인 이성을 지닌 지성인들로서는 루터의 말을 그대로 받아들이기가 쉽지 않을 것이다.

조용기 목사가 '우상을 숭배해서 일본에 재앙이 왔다.'고 망언을 서슴지 않자 타 종교인들은 물론, 정상적인 기독교인들마저 고개를 옆으로 흔들며 반대 의사를 간접 표현하지 않던가? 과거 2천 년간만 보더라도 기독교 국가에 자연의 노여움은 언제든지 왔었고 또 앞으로도 온다는 사실을 잘 알기 때문이다.

어디 자연재해뿐인가. 2차 대전 당시 영국 런던 교외의 한 교회에서 수많은 신자들이 연합군의 승리를 염원하는 기도를 바치던 중에 적국인 독일 공군의 폭격으로 수많은 사상자가 발생한 일, 다시 말해 기독교 교회의 승전을 위한 기도 중에도 적군의 폭격을 당할 수 있다는 평범한 진리를 교역자들은 알아야 할 것이다.

의식 수준이 높아 신자들로부터 존경을 받는 교역자들이 보다 많아진다면 오늘날 기독교의 쇠퇴현상은 개선될 수도 있으리라. 하지만 우리나라의 경우 이 좁은 땅에서 대부분 정부의 인가가 없는 신학교를 통해 2만여 명의 교역자가 해마다 양산되고 있는 현실을 놓고 볼 때 교역자들의 질적 향상을 기대하기는 쉽지 않을 것이다. 보라, 언론을 통해 수없이 보도되고 있는 부도덕한 교역자들의 기사가 날로 증가일로에 있지 않은가.

04

지금도 계속되고 있는 미국의 인류학살

미국 원주민Native American(이하 원주민)들의 역사를 보면 몽골계 사람들이 1만 2천여 년 전 베링해협Bering Strait을 통해 북미주에 정착한 것으로 되어 있다. 그렇다면 우리 민족과는 다른 남이 아니라는 뜻일 게다. 그래서일까? 요세미티Yosemite National Park 국립공원 내의 지명들 중 Yosemite(요새 밑에) 등 80개 이상의 단어가 우리말과 맞아떨어진다는 연구 결과가 있어 흥미롭다. 그중에는 와우노Wawuno 바위도 있다.

프리메이슨이 세운 미국 정부는 대외적으로 원주민들을 보호한다고 해 왔는데 불과 백여 명이 살고 있는 원주민 보호구역(?)까지도 경찰 초소가 있고 형무소 같은 창살은 없으나 원주민들 및 방문객들의 일거수일투족을 주시하고 있으니 '보호' 보다는 '감시'라는 단어가 더 솔직하다 하겠다.

원주민 보호구역에 가보면 원주민들이 미 경찰을 대하는 태도가 일제 강점기 때 우리 동포들이 일본 경찰을 대하듯 눈치를 보며 위축되어 있는 모습과 너무도 닮아 있다.

　백인들이 북미주 대륙을 침략할 때 굶주림과 추위에 죽어가는 백인들이 불쌍해서 백방으로 살도록 구해준 순진한 원주민들의 따뜻한 인정을 배신하고 북미주 거주 약 7천여만 명 원주민들을 싹쓸이 청소한 미국이다. 그러면서도 '원주민들을 잘 보호하고 있다(?).'는 대외 선전용으로 오늘날 전 미국에 약 250만 명만 상징적으로 남겨 전국에 분산 수용하고 있는 죄에서 오는 불안 때문에 감시 초소가 필요한 것인가? 불안하지 않다면 3억 인구 중 전 미국에 흩어져 살고 있는 100분의 1도 못 되는 비무장 원주민들을 감시할 필요가 없을 것이다.

　약 15년 전 캐나다 연합교회 총회는 뒤늦게나마 아메리카 원주민 대학살에 따르는 사과문을 채택했고 당시의 원주민 추장에게 사과문 증정식을 거행하는 등 그나마 양심을 표현한 바 있다. 그런데 미국은 어떤가? 정부도 교회도 7천만 원주민을 청소하고도 지금껏 사과문은커녕 사과한다는 발언조차 없는 나라다.

　미 건국 초기, 처음엔 계속해서 원주민들을 학살하는 이유를 종교가 다르기 때문이라고 변명해 온 미국이 3백여 명의 원주민들이 중생한 기독교인Born again Christian으로 탄생하자 성직자의 탈을 쓴 악마 같은 미국인 담임 목사는 예배를 기다리고 있던 독실한 기독교인 원주민들을 교회의 앞뒷문을 모두 밖에서 잠그고 불을 질러 전원 화형에 처함으로써 원주민 학살 이유가 종교가 아닌 인종차별에서 온 것임이 분명해졌었다.

　이 세상에서 가장 악랄한 인물 하면 누구나 히틀러를 들지만 그가 죽인 유태인은 모두 약 170만 명이다. 6백만이라고 알려진 것은 2차 대전 후 유대인들이 전 세계의 동정금을 받아내기 위해 4배가량 불린 숫자로, 폴란드의 아우슈비츠 강제수용소Auschwitz Concentration Camp 등을 방문하는 분들은 6백만이 터무니없이 과장된 사실임을 알게 된다.

미국은 원주민 인종 청소 7천만 말고도 흑인납치 또는 살해 약 4천5백만, 2차 대전에서 무차별 시가지 폭격으로 민간인 약 1천만, 한국전쟁기간 동안 폭격으로 민간인만 300여만, 베트남 침략전쟁에서 300여만, 캄보디아 내전에 개입해서 150여만, 칠레, 엘살바도르, 아르헨티나, 볼리비아, 베네주엘라 등지에서 군부독재를 세워가며 수십만, 이라크에서만 1, 2차에 걸쳐 200여만, 유고 내전 등 유럽 각 지역의 분쟁에 개입해서 수십만, 아프리카 수단에서 5만여 등, 자기네 국익 내지 1%의 가진 자들만을 위해서 1801년부터 2003년까지 약 2백 년간 남의 나라에 침략, 불법무력시위 및 개입, 불법상륙 및 군사작전 등 무려 152건에 달하는 망나니짓으로 인류 총 2억을 훨씬 넘는 살육을 감행했고 현재도 그 살육은 진행 중에 있다.

이렇게 보면 한국인들이 가장 좋아하는 나라인 미국이야말로 소련이 붕괴되고 없는 현재의 사상에서는 유일한 악마 같은 나라라면 과장된 표현일까?

인류 역사상 미국 정부처럼 이토록 많은 인류를 청소한 학살자는 일찍이 없었다. 다음으로는 천주교가 2백 년(1096~1291)간 여덟 차례에 걸친 십자군 전쟁을 통한 이슬람 및 동방정교회 말살작전에 따른 학살, 중세 때의 마녀사냥, 또 스페인이 천주교 사제들을 앞세워 중남미를 침략해서 약 5천만 중남미 원주민들을 학살한 것을 합하면 1억 가까이 되니, 5대 종교 중 가장 큰 죄를 지은 종교다.

그러나 천주교는 이제 다행히 더 이상 양민을 학살할 기회가 없어진 반면 미국의 인류학살 행위는 중동지역, 아프간 등 지금도 또 앞으로도 중단될 기미가 안 보인다는 데 문제의 심각성이 있는 것이다.

앞으로 벌어질 3차 세계대전에서 핵무기 전쟁으로 유일한 초강대국 미국에 희생당할 인류의 수는 추산조차 불가능한 현실이 아닌가?

겉으로는 기독교인의 탈을 써서 외부인들에게는 가장 선량한 나라인 듯 보이지만 미국의 내심은 6천 년 전 이집트의 태양신을 받들면서 거부 집단인 자기네 1% 권내의 이익을 위해서라면 기독교인의 양심과는 거리가 먼, 인간으로서는 하지 못할 무슨 짓이든지 눈 하나 깜짝 않고 저지르는 무서운 존재(다국적기업으로 표현되는 프리메이슨Free Mason만을 위한 나라)라는 것이다.

오랜만에 진보적인 자세로 세상을 감동시킨 프란치스코 신임 교황은 "규제 없는 자본주의는 새로운 독재요, '돈에 대한 숭배'"라 규정하면서 "모든 시민이 존경받을 수 있는 직업, 교육, 건강을 보장받아야 한다."고 호소, 99% 전 세계 인류의 공감을 이끌어 냈음은 너무도 당연한 결과가 아닌가! 이러한 진정한 인류의 벗 프란치스코 교황을 혹시라도 1%에 속하는 가진 자들이 제거하지 않을까 불안해하는 수많은 사람들의 염려가 한갓 기우로 끝나기를 빌어 마지않는다.

05

누가 미국을 인권국가라 했는가?

 정보 폭로 전문 웹사이트 위킬리크스Wikileaks와 미국의 『뉴욕 타임스』는 지난 2010년 쿠바 관타나모Guantanamo Bay 미 해군 기지의 포로수용소 수감자들이 심각한 수준의 인권침해를 당하고 있는 사실이 담긴 비밀문서를 공개했다.

 이에 따르면 한 수감자는 개처럼 가죽 끈으로 묶여 끌려다녔고, 성적 모욕을 당하거나 스스로의 몸에 소변을 보도록 강요당했으며 수용소를 거쳐 간 수감자들 중 100명가량은 우울증 등 정신질환을 앓고 있고 많은 수감자들이 단식투쟁을 벌이거나 자살을 기도하기도 했다는 것이다.

 이 밖에도 미 당국이 수감자들의 결백을 알면서도 정보를 수집하기 위해 구금을 계속했으며 수용자들이 고문으로 인해 억지 진술을 했을 가능성을 알면서도 진술 내용을 의심하지 않고 그대로 믿었다는 것 등이다.

 이것이 미국 정부의 인권 수준이다. 거기에다, 근 80년 전인

1932년부터 1972년까지 장장 40년간, 미국 공중보건국(보건부와 동격)은 중미의 과테말라 터스키기Tuskegee, Guatemala에서 과테말라 교도소의 죄수들과 정신병원 환자 등 1천6백여 명의 흑인들을 대상으로, 매독 등 각종 성병을 치료하지 않았을 때 인체에 어떤 영향을 미치는지를 밝혀내기 위해 성병 환자인 매춘부들을 강제로 접촉시켜 생체실험을 계속한 사실이 최근 미국의 스잔 레버비 Susan Reverby 교수에 의해 확인되기도 했다. 이 실험은 외부에 밝혀져 이듬해인 1973년에 실험이 중단된다.

이와 비슷한 시기(1936~1945)에 만주 주둔 일본군 731부대(일명 '마루타' 부대)가 한국 독립군을 비롯한 중국인, 몽골인, 러시아인, 사상범, 적군 포로 등 3천여 명을 대상으로 생체실험을 자행했다. 각종 전염병을 전염시켜 연구하고 방탄조끼 제조를 위한 시험용 총알받이로 이용하려고 생체에 마취도 하지 않은 채 내장과 눈알을 빼내어 실험하는 등 인간으로서는 차마 하지 못할 짓을 한 사실이 폭로돼 전 세계를 경악시키지 않았던가?

이러고도 미국은 자기네가 최우수 인권국가나 된 듯이 자기네 뜻대로 안 되는, 싫어하는 나라만의 인권문제를 물고 늘어진다. 또 석유 등 돈 될 것이 없는 미얀마(버마) 같은 나라는 지난 50년간 민주와 자유를 외치며 수많은 사람들이 학살당하면서 '미국이 도와 달라.'고 울부짖어도 말로만 독재정권에 '그러지 마라.'고 솜방망이질을 했을 뿐이었다.

왜 한국은 산유국이 아닌데 미국이 한국전쟁 때 도와주었냐고? 지정학적으로 미군 극동 전진기지로 미국으로서는 절대로 포기할 수 없는 한국이기에 6·25 직전, 북한군 남침 유도용으로 '한국은 미군 방어선 밖'이라며 전 세계에 공표했던 미국이, '내가 언제 그런 말을 했더냐'는 듯 6·25가 터지자 불과 1주일 후 한국전쟁에 적극 개입해서 미군 전사자(실종 포함) 3만 3천, 부상 10만 3천의 막대한 희생을 치르면서까지 공산군을 물리쳤던 것이다. '미국의 극동방언선은 한국'이 맞는다는 말이다. 김일성의 남침을 유도하기 위한 미국의 사기 전술이었던 것이다.

그래서 한국전쟁에 개입해서 4백만 한국민족을 죽인 후 이제는 공산화될 것이 두려워 밀가루를 풀어 살림으로써 순진한 한국인들에게 비쳐 온 미국은 '천사 같은 아름다운 나라'일 수밖에 없었다.

한국인들이 생각하는 것처럼 미국이 '천사 같은 나라'가 맞을까? 이라크 침공을 예로 들어 보자. 대량살상무기가 있다고 국민들을 속여 천문학적 액수의 국민의 혈세를 써가면서 침략했다가 애당초 목표인 오일을 빼앗고 나서는 대량살상무기는 잘못된 정보였다고 둘러댔다. 이 전쟁으로 이라크 국민 2백만 이상의 희생은 말할 것도 없고 지구 인류 역사상 가장 오래된 7천 년 전의 수메르 문명과 아브라함 시대의 흔적 등 찬란한 문화가 숨 쉬던 박물관 등 거의 대부분의 문화재를 소토화시켜 버렸다. 이것이 야만인이나 할 수 있는 미국의 문화 수준인 것이다. 기독교 문화였더라도 그렇게 했을까? 인류의 문화는 종교를 초월하는 법이 아닌가?

그런데 정부야 그렇다 치더라도 미국의 대교회가 단 한 번이라도 이에 대해 사과한 적이 있던가? 올바른 세상이라면 이 엄청난 야만의 짓을 감행한 부시, 체이니, 럼스펠드 등은 전범 및 인류문

화제 손괴 죄로 국제재판소에서 재판을 받아야 마땅할 인간들이다. 그럼에도 미국 국민은 그들의 거짓 홍보에 속아 부시를 재선시켰으니 이 점 한국과 너무도 닮은 데가 있지 않은가. 더 큰 문제는 빈민 출신이 대부분인 수많은 이라크 전쟁 전사자들 및 참전군인 가족들을 비롯한 일반 미국 시민들은 제쳐놓고 오일 등에서 오는 어마어마한 수익은 인류의 1%에 속하는 몇몇 거부들이 독점한다는 데 있는 것이다.

21세기인 오늘날에 있어서도 미국에서 새로운 약품이 나오면 일본을 제외한 아시아, 아프리카, 중남미 사람들(이하 약소국가)을 대상으로 3년간 생체 실험 후에 안전하다고 판명되면 그때 미국 내에서 그 약을 사용해도 좋다고 미국 식약청(FDA)이 허가한다는 사실은 오래전부터 해당 국가 의학계에서는 잘 알려진 사실이다.

미국이 자국 국민들을 보호하기 위해 약소국가 환자들을 모르모트(인체 대신 생체실험에 이용하는 동물)로 편리하게 이용하고 있는 것이다.

이렇게 미국 정부의 요청으로 실험당하다 생명을 잃은 피해자가 한국에 얼마나 되는지 그 통계조차 잡혀 있지 않은 실정이니 한국 정부 스스로가 미국의 경제적 보복이 두려워서 이러한 망나니 같은 행동을 묵인 내지 방조하고 있다는 의심이 드는 것은 당연한 일이다.

여기에 일본이 제외됨은 이미 19세기 중엽부터 그들 눈에 일본은 1등 국가이기 때문이란다. 일본에는 미국산 소고기도 유럽 국가들처럼 1등국 대우로 한국의 30개월보다 10개월이나 어린 20개월 이내의 것만 수출해서 일본은 유럽 국가들과 함께 광우병 염려에서 해방된 나라다.

그렇다면 광화문에 백만이 집결했던 촛불시위는 우리 국민이 광우병에 걸려서는 안 된다는 피맺힌 절규가 아니고 뭐란 말인가!

일본을 제외한 전체 아시아, 아프리카, 중남미의 의사들은 행복의 조건이 돈으로 결정되는 것이 아니라는 사실을 깨닫고 이제 연구비 몇 푼에 동포들을 모르모트로 이용하는 짓을 그만두어야 할 것이요, 나아가서 각국 정부는 미국의 보복에서 오는 다소의 경제적 불이익을 감수하는 한이 있더라도 이제 정신을 차려 더는 미국이 하자는 대로 끌려다니는 노예근성을 버리고 각각 자주독립국가로서의 체모를 살려 돈보다도 중요한 자국민 보호에 앞장서야 할 때다.

한국인의 행복지수는 1인당 국민소득(GDP)이 한국($22,000)의 절반에 못 미치는 나라들(남아공 $5,700, 페루 $4,400)과 비슷하고 한국보다 행복지수가 높은 것으로 나타난 멕시코(GDP 12,000 달러), 베네수엘라(GDP 13,000달러) 등은 한국보다 경제적으로 열세라는 사실을 상기해야 할 것이다.

06

이미 80년 전에 암은 완전히 정복됐었다

 1920년경 암을 일으키는 미생물들을 찾아낼 수 있는 3만 배 확대가 가능한 현미경을 발명한 데 이어, 암의 원인인 미생물을 100% 죽일 수 있는 파동 치료기 Rife Ray Machine를 발명해냄으로써 당대 의학계에 일대 센세이션을 일으켰던 라이프 박사Dr. Royal Ray Rife(1888~1971)의 파동치료기를 활용해서 밀뱅크 잔슨 박사Dr. Milbank Johnson(1871~1944)는 실제로 임상실험 결과 16명의 각종 암환자 전원을 완치하는 개가를 올려 세상을 놀라게 했다.

 1930년대에 이 파동 치료기는 써던캘리포니아USC 대학교 의대에서 처음 제작해 2년 후부터 이 대학의 밀뱅크 잔슨 박사가 이끄는 연구팀은 이 치료기를 사용해서 암환자뿐 아니라 백내장 역시 완치시켜 전 세계 안과학회에 큰 화젯거리를 제공하기도 했다.

 이에 관한 기사는 1938년 5월 6일 『이브닝 트리뷴Evening Tribune, San Diego, California』(현재는 폐간됨)지에 크게 실렸으나 얼마 후 이 놀라운 성과를 거둔 이 치료기는 무슨 영문인지 갑자기 자취를 감추고 말았다. 이 기계에 기대가 컸던 전 세계의 수많은 환자들의 실망을 어찌 말로 표현하겠는가?

그러고서 6년이라는 세월이 흐른 후 잔슨 박사는 이 기계와 치료 효과 등 모든 정보를 세상에 알려 죽어가는 수많은 생명을 살려야겠다며 신문기자들을 초청, 회견을 열기 바로 한 시간 전, 돌연 사망했고 신문은 사망원인을 심장마비(?)라고 보도한다.

잔슨 박사의 사인을 석연치 않게 여기던 몇몇 과학자들은 몇 해 후 시신을 다시 검사해 독극물을 발견해냄으로써 타살임을 가려내는 데 성공한다.

그런데 더욱 이상한 것은 잔슨 박사가 죽기 전 기자 회견 때 발표하려던 당시의 암 정복 관련 모든 연구 자료와 발표문 전부가 죽은 날 밤 당국에 압수당했을 뿐 아니라 이어 잔슨 박사의 연구소는 그날 밤 원인 불명의 화재로 전소되고 말았다는 사실이다. 당시 압수당한 자료 역시 아무런 해명도 없이 영원히 종적을 감추고 말았음은 물론이다.

그뿐 아니라, 바로 이어 원 발명가 라이프 박사의 연구소도 원인불명의 화재로 전소했고 또 라이프 박사의 치료법을 배워 암 환자에게 치료해 보려던 니미스 박사Dr. Nemes도 의문사를 당한 데 이어 연구 자료는 모두 분실, 그의 연구소 역시 재로 변한다.

어디 그뿐인가? 원 발명자 라이프 박사는 수십 년이 지난 1971년, 끝내 독살당하고 만다. 자신의 생명을 노리는 검은 그림자가 무서워 오랫동안 조용히 살다가 자신이 죽기 전에, 이제 세월도 많이 흘렀으니 자신의 생명을 노리던 자들도 방심하겠지 하며 옛날 자신이 발명한 암 퇴치법을 세상에 다시 알려 죽어 가는 그 많은 생명들을 살려 보려 작심했던 것이 죽음을 재촉하지 않았을까?

어쨌건 라이프-잔슨 두 박사의 치료법은 이에 관련된 모든 과학자 전원이 사망한 데다 연구 논문조차 모두 화재로 1%의 흔적조차 찾을 길이 없어졌다. 살인·방화·절도 등 각종 범죄의 피해자들이 모두가 암 정복을 위해 노력하던 의사들이었는데 그 수사 결과는 하나같이 믿기지 않는 사인 발표나 미궁으로 처리되었다는 웃지 못할 사실이다.

맨 처음, 잔슨 박사가 암살당했을 때, 당국이 이 사건에 관한 상세한 수사 내용을 어물쩍 넘겨 버렸기에 당시 항간에서는 제약회사 연합회가 이 치료법이 세상에 많이 알려지면 자신들이 불이익을 당할 것이 뻔해 벌인 사건이라는 설과, 제약회사들과 결탁한 미국 정부의 소행이라는 소문 등으로 한때 떠들썩했었다고 한다.

잔슨 박사의 살해 사건을 미국 정부의 소행으로 보는 이유는 정부가 암과 관련된 사업으로 벌어들이는 연간 수입과 세금 등이 석유화학 분야에 이어 두 번째라는 점이다. 또 잔슨 박사가 죽기 전, 당시 이 치료기를 이용해서 암 치료를 하는 의사들과 자연치유법을 연구하는 대체의학 관련 인사, 그리고 자연 치료제에 대한 정부 측의 압력 및 제재 행위가 너무 가혹했던 점, 그 결과 진심으로 인류 건강을 위해 암 치료를 목표로 삼았던 의사들은 모두 미국을 떠나 연구 활동이 가능한 나라로 가서 도피성 연구를 하고 있었다는 점, 또 많은 당시 대체의학 의료진 사이에 위 사실들이 공공연히 회자되었던 사실 등이 그런 추측을 낳게 했다고 전한다.

결국 그런 사건만 없었더라면 그 후 희생된 전 세계의 수많은 암 환자들의 생명은 100% 완치돼 인류의 평균 수명은 이미 90을 훌쩍 넘어설 수 있었을 것이다.

또 그 후 80여 년의 세월이 흘렀는데도 아직 암 환자 치유율이 20%~25%에 머물고 있는 까닭은 암 근본 퇴치방법이 없어서라기보다 또다시 잔슨 박사 같은 피해를 당할까 봐 두려워 아무도 그 방법을 연구, 개발하려 들지 않는다고 보는 게 훨씬 설득력이 있지 않을까?

그래서 요즈음 암 전문의들은 의대 졸업 때 하던 히포크라테스 선서 내용을 준수하다가 면직 처분 등 불이익을 당하느니 한결같이 거대 제약회사 홍보 요원처럼 처신할 수밖에 없을 것이다.

이 암 전문 의사 자신들이 암에 걸리면 평소 순진한 환자들에게 3대 항암요법(수술, 화학약품요법, 방사선요법)을 권장하는 자세와는 달리 자신들은 자연치유요법 등 대체의학 치료법을 택해 대부분이 건강을 되찾고 있으니 웃어야 할까? 울어야 할까?

이런 문제가 일어날 때마다 과연 우리 인류에 자본주의(경제제국주의) 체제가 최상책인지 고개가 갸우뚱해짐은 나만이 아닐 것이다.

동부 유럽과 소련 사회주의권의 몰락에도 서울대생 평균 83%(4학년생은 90%)가 사회주의에 대해 긍정적 의견을 보이고 있으며 우리 사회의 불평등을 해결하기 위해서는 구조적이고 총체적인 변혁이 필수적이라고 생각하는 것으로 나타났음은 우리 국민의 엘리트층일수록 자본주의 체제에 문제가 있음을 알고 있다는 뜻이다.

　미국이 유럽 여러 국가처럼 민주사회주의 국가였다면 인류 복지에의 공헌으로 노벨상을 받아야 할 과학자들이 이렇게도 무참히 뭉개져버렸겠는가? 그런 의미에서 민주사회주의가 온 지구상에 자리를 잡는 날 우리 인류는 보다 행복해지지 않을까?

　대량실업과 소득양극화, 금융위기, 경제파탄, 시민의 기본적 생존을 위협하는 가계부채와 절대빈곤의 복지사각지대를 해결하기 위해서는 자본주의 체제로는 절대로 불가능하다는 사실을 알기에 정치적·경제적·사회적·국제적 민주주의를 실천하고 있는 오늘날 독일, 프랑스, 스웨덴·노르웨이·덴마크 등 서부 유럽 국가들과 호주, 캐나다 등의 국민들이 부러울 수밖에 없는 것이다.

07

5·16은 미국의 작품이었다
― 김구 등 항일 민족주의자, 진보세력 제거가 미국의 목적

제2차 세계대전에서 승리한 미국은 한국을 대 소련전선의 최전방 군사기지로 활용하기 위해 미국의 뜻대로 안 되는 상해 임시정부 인사들을 중심으로 한 모든 국내 민족주의 민중세력 그리고 진보세력을 약화시킬 방안을 세운다. 오늘날 미국이 부르짖고 있는 '세계화'(세계단일정부를 목표로 하는)를 이루는 데 가장 큰 걸림돌이 바로 각 나라의 민족주의인 것이다. 애국자 김구를 살해한 안두희가 미 CIC(방첩대) 요원이었음은 이를 뒷받침한다.

그러기 위해서 미국은 우선 친미파 군과 경찰을 양성하기 위해 일본에 충성했던 군과 경찰 등 친일파들을 재기용해서 초창기 한국 군·경 지도부를 완벽하게 통제하고 양육하는 체제를 갖추어야 했다. 친일을 해서 민족을 한 번 배신했다면 친미도 쉬운 법이고 또 친일파 처단이 두려워서라도 친일파들이 친미로 기울어 실권을 쥐려든다는 게 주한 미군사고문단의 판단이었던 것이다.

그런 목적으로 미군정청을 시작, 한국정부가 수립된 후에도 한

국군 전 병력 및 경찰, 그리고 한국 정부의 중요 행정부서에는 미군사고문단이 파견돼 명실공히 한국군 및 정부 출범의 산파 역 내지 대부 역할을 수행함으로써 한국 정부와 한국 군·경의 일거수일투족이 미군사고문단에 의해 완벽하게 통제되고 보고되어 왔다.

6·25 직전, 주한 무장 병력 전원을 일본으로 철수시켜 김일성의 남침을 유도했을 때도 5백여 명의 비무장 미군사고문단만은 한국에 남아 꾸준히 한국 군·경을 통제하는 임무에 충실해 왔던 것이다.

1946년 한국에 첫발을 디딘 제임스 하우스먼James Harry Housman 미육군 대위는 한국군 초창기인 조선경비대(총사령관 베로스 미군대령) 집행국장으로 근무했으며 조금 후 베로스 대령이 미군정의 제주도지사로 전임되자 후임 총사령관 대행으로 있으면서 실제로는 조선경비대총사령관의 임무를 수행한다. 이어 미군사고문관, 미군사고문단장의 고문, 채병덕 한국육군참모총장 고문, 이승만 대통령의 군사고문을 거치면서 한국군 형성과정에 엄청난 영향력을 행사한다. 미군 초급장교 하우스먼은 한 나라의 대통령을 마음대로 움직였고 '한국군의 아버지'임을 자칭했다.

이를 계기로 이형근, 채병덕, 정일권, 백선엽, 박정희 등 모든 일본군 장교 출신들 및 고위 정치인 등이 하우스먼을 '국군의 아버지'로 인정하지 않는 사람이 없었고 하우스먼의 지시는 곧 미국 정부의 지시로 받아들이게끔 됐다.

한편 일제 때 항일투쟁을 벌였던 애국자 집단인 광복군 출신은 하우스먼에 의해 냉대를 당했는데 그 이유는 일본군처럼 혹독한

군사훈련을 거치지 않았다는 것과 일본군 출신에 비해 민족주의 의식이 너무 강하고 반공의식은 약하다는 것이었다.

하우스먼이 친일 장교들 중 특히 박정희를 눈여겨 본 이유는 민족을 배신하고 혈서를 써서 만주신경군관학교(2년제)에 입학한 철저한 친일 경력, 1등으로 졸업, 일본육사 3학년으로 편입 후 3등으로 졸업했으며 조선인으로서는 유일하게 일본교육총감 상을 받은 우수성, 남로당 한국군 책으로 있을 때 일어난 여순반란 주모자의 하나였으나 한국 군내 남로당 조직과 명단 일체를 수사기관에 내놓는 철저한 배신행위로 수사당국에 적극 협조함으로써(이로 인해 7백여 명이 총살, 5천여 명이 투옥됨) 자신만이 사형을 면했기 때문에 공산당이 집권할 경우 처형될 수밖에 없어 철저한 반공주의자로 변신할 수밖에 없었던 정황, 한국군 내 중견 간부들에게 신망을 받는 청렴하고 똑똑한 군인 등의 이미지는 다른 한국군 장교 중에서는 찾아볼 수 없는 미국이 활용하기에 가장 적합한 여건을 갖춘 존재였다는 것이다.

이러한 하우스먼의 보고서는 미국 정부에 직보 되었고(『하우스먼의 회고록』), 박정희의 빨갱이 경력을 우려하던 미국 정계지도자들의 의구심을 희석시키는 데 기여한다.

이 공로로 맥나마라 미국방장관은 하우스먼에게 공로표창장을 주었고 이후 미국의 대한정책은 하우스먼의 보고서에 전적으로 의존하게 된다.

1958년 3월 박정희는 소장으로 진급하는데 여기에도 역시 미 고문단의 강력한 추천이 있었다고 한다. 1959년 7월 박정희는 6관구 사령관으로 임명된다. 6관구 사령관의 자리는 서울 일원의 군부대를 총지휘하는 수도권 방위 임무를 띠고 있다. 박정희는 이때부터 본격적으로 쿠데타 계획을 세운다. 무능, 부패를 이유로 장면 내각을 몰아낸 1961년의 5·16 쿠데타는 실은 장면 내각이 들어섰던 1960년 8월 12일 훨씬 전부터 미군사고문단의 묵인 내지 교사로 계획되고 있었으니 장면 정권의 무능, 부패란 한갓 국민을 속이기 위한 변명에 지나지 않았다.

군사 쿠데타에 대해 보인 미 대사관(성명)이나 주한 미군사령부의 첫 반응은 '합헌정부를 지지한다.'는 것이었고 또 한편으로는 매그루더 유엔군 사령관이 윤보선 대통령을 만나 '군을 동원해서 쿠데타를 진압하라.'고 주장함으로써 미국이 쿠데타를 사전에 몰랐다거나 지지하지 않았다는 근거를 만드는 양면 작전(2중외교)에도 게을리하지 않았다.

한편 미 국무성은 미 대사관의 성명에 대해 사전 승인을 받지 않은 것이라고 부정하면서도 쿠데타에 대해 반대하지도 않은 채 노코멘트의 태도 내지 불간섭주의를 표방한 것도 양면작전의 하나라 보아 무리가 없을 것이다.

당시 일본의 시사주간지 『주간신조』는 5·16 직후 '미 CIA는 약하고 무능한 장면내각을 무너뜨리고 강력한 반공정부로 교체시키기 위하여 한국군부에게 쿠데타를 감행하도록 교사하였고 그 후 그런 전략을 은폐시키기 위해 미 국무성을 배후에서 조종하여 서울의 미 대사관과 미군 당국에 장면 지지 성명을 발표하도록 했다.'는 내용의 글을 실었는데 이는 후에 예리한 비판기사로 박정희의 미움을 사 항소심이나 대법원도 거치지 않고 지법의 사형판결이 나자마자 사형집행을 당한 당시의 엘리트 언론인 『민족일보』 조용수 사장의 '쿠데타는 미CIA가 한 짓'이라며 화를 낸 것과 일치하는 대목이다.

『한국일보』(1990. 11. 28.) 기사,「하우스먼의 회고록」을 보면 하우스먼은 '1961년 3월 1일 실제 쿠데타가 있기 45일 전에 나는 한국군 내의 쿠데타 기도가 있음을 상부에 보고했다. 나는 한국군 친구들로부터 얻은 정보, 또는 불쑥 찾아가서 대화 중 캐낸 일들을 분석한 후 일련의 심각한 상황을 종합할 수 있었는데 이 상황이 지나가는 바람이 아닌 실제 폭풍일 것이라는 것을 한국군 육군본부 김형일 참모차장(61년 3월까지 재직)이 확인해 주었다.'고 밝히고 있다.

하우스먼은 여순반란 사건 진압을 지휘할 때 박정희를 구명하는 데 결정적인 역할을 수행한 인물로 위의 인용문을 통해 알 수 있듯이 미국은 쿠데타 발생 훨씬 이전에 쿠데타 계획을 이미 알고 있었으나 전혀 그에 대한 대책을 세우기는커녕 오히려 방조 내지 교사한 인상을 주었다. 더구나 유엔군 사령관의 특별보좌관인 하우스먼이 알고 있는 그 엄청난 사실을 매그루더 사령관이 몰랐다면 믿어 되는가?

실은 '한국 군대를 동원하면 무력충돌로 희생자가 많이 난다.' 는 이유로 쿠데타 진압을 거부한 윤보선 대통령 등 몇몇 국내 정치인들은 박정희와 사전 내통(민의원 의장 곽상훈)하는 등 쿠데타 자체를 이미 알고 있었다.

1961년 5월 16일 새벽 쿠데타 군인들이 한강교를 건너 서울 시내로 들어오고 있을 때 현장 목격자는 쿠데타군 앞에 '미군 헌병차'가 선도하고 있었다고 증언하고 있다.

이날 이른 아침 하우스먼은 장도영 참모총장을 만나기 위해 육군본부로 갔다. 그는 여기서 박정희를 만난다. 그날 이른 새벽 박정희와의 이 짤막한 만남이 있은 후 두 사람은 계속 메시지를 주고받는다.(『한국일보』 1990.12.5.)

『하우스먼 회고록』에 따르면 박정희의 혁명위원회 측은 연락관(한국군 대위)을 통해 구두 또는 서면으로 많은 문제에 대해 의견을 물어왔으며 하우스먼도 그 연락 장교 편에 몇 가지를 강력히 권고한다. 그것은 미 8군 안에 혁명군을 들여보내지 않는 문제, 혁명군의 팔에 두른 하얀 완장을 제거하는 문제 등 비교적 단순한 형식상의 문제에서부터 한국군 장성들의 신상문제, 박정희의 얼굴 드러내기 등 까다로운 정치문제에 이르는 광범위한 것이었다. 특히 하우스먼은 박정희에게 적어도 한 개 이상의 공식적인 최고 직책을 가져야 하며 장도영 육군참모총장의 모자를 빼앗아 써야 한다고 말했다.(『한국일보』 1990.12.12.)

5·16 이틀 후 하우스먼이 8군 캠퍼스 안의 자기 집에 찾아온 박정희를 만났을 때 박정희는 하우스먼에게 "혁명위원회는 하우스먼 당신 친구들이 거의 전부이니 실은 당신네들 혁명이요."라며 의미심장한 말을 했다.

미 CIA 한국지부장 씰바는 5월 15일 오전에 김종필, 다음날에는 박정희를 자주 만났으며 그 후로는 박종규(후 청와대 경호실장)와 더욱 자주 만났다.

하우스먼은 그의 『회고록』에서 쿠데타설이 나돌던 시점에 육본작전참모 부장으로 있는 박정희를 찾아가 많은 대화를 했다고 기록하고 있다.

1952년 개헌을 둘러싼 부산 정치 파동 시기에 이승만이 계엄령을 선포하고 군의 출동을 명령하자, 당시 육군 참모총장이었던 이종찬은 군의 통수권이 미군에 있음을 환기시키면서 군의 부산 출동을 거부한다.

   오히려 이때 이용문 소장과 박정희를 비롯한 일단의 군인들은 유엔군사령관과 미 8군사령관의 지원을 받아 이승만을 제거하려는 쿠데타를 계획했다. 53년 5월, 미국은 이승만이 계속 휴전협상을 방해하자 52년의 이승만 제거 계획을 더욱 강경하게 바꿔 군부에 의한 쿠데타를 일으켜 이승만을 축출하려는 이른바 에버레디 계획Ever Ready Plan을 수립했으며 미군수뇌부의 지원을 받아 박정희가 이 계획에 주도적으로 참여하고 있었다. 그렇다면 5·16 쿠데타는 이미 9년 전부터 착착 준비해 왔다는 사실인 것이다.

   당시의 미 CIA국장이었던 엘런 덜레스Allen W. Dulles는 1964년 5월 3일 영국 BBC 텔레비전에 출연해서 '제가 재직 중에 CIA의 해외 활동에서 가장 성공한 것이 바로 이 5·16혁명이다. 미국의 일부 지도자가 지지하고 있는 장면 내각은 부패해서 이승만 정권을 타도한 민중의 기대에 응하지 못했다. 참 위험한 순간이었다.'고 했다. 미국이 5·16에 개입했음을 시사하는 대목이다.

   쿠데타 성공 후 군사정권은 자주적 발전을 지향하기보다는 '용공분자'를 색출, 체포하는 일에 최대의 역점을 둠으로써 자주적 지향을 보인 4월 민중항쟁의 주도세력을 가장 철저하게 탄압한다. 이것은 바로 미국이 쿠데타에서 얻고자 했던 한국민족주의의 제거와 일치하는 것이다.

   해제된 미 국무성 비밀문서에 따르면 5·16 직후, 박정희 당시 국가재건최고회의 의장이 케네디 미 대통령의 초청으로 미국에 처음 방문했을 때 전례 없이 대통령을 대신해서 잔슨 부통령이 공항에까지 나와 박정희 의장을 환대했다는 사실은 위에 지적한 모든 내용이 사실임을 보여주는 증거가 아닌가.

08

미 언론도 정부의 통제를 받는다

　미·소 냉전이 한창이던 1983년 9월 1일 새벽, 승객 269명(한국인 105명, 대부분이 한국계인 미국인 62명, 일본인 28명, 대만 23, 필리핀 16, 홍콩 12, 캐나다 8, 태국 5, 기타 10명 등—그중 다수의 어린이 포함)을 태우고 뉴욕을 출발, 급유를 위해 앵커리지를 거쳐서 서울로 가던 대한항공 민간 여객기(007편=기장 천병인, 기타 승무원 28명)가 소련 영공을 침범, 소련 공군기의 미사일 공격에 의해 사할린 앞바다에 추락, 전원이 사망(?)한 사건이 발생한다.

　당시 대부분의 전 세계 언론은 미사일로 민간여객기를 격추한 소련의 인명경시 자세를 규탄하는 큰 기사들로 한동안 시끄러웠다.

　같은 날 오후 2시경 이곳 한인사회도 한인회가 중심이 되어 소련을 규탄하는 데모(다음날 낮 시간이라 직장 때문에 20여 명의 동포들만이 모여 시내에서 소련 규탄 시위를 벌임)를 벌이기 위한 모임을 갖고 있는데 어떻게 알았는지 마이애미의 NBC-TV 기자가 카메라맨과 함께 이 자리에 나타나 이번 사건에 관한 한인 사회의 반응을 취재했다.

물으나 마나 이 자리에 나온 10여 명의 동포들은 하나같이 '비인간적인 소련을 규탄한다.'는 대답으로 일관했다. 이때 나의 눈에 비친 기자의 표정은 어딘지 듣고 싶은 소리를 못 들어 불만스런 것이었다.

내가 맨 뒷자리에 앉아 있었기에 마지막으로 내 차례가 왔다. 기자 신분(당시 워싱턴에서 발행되는 『한국신보』(편집위원)와 한국방송 플로리다지사장)을 감춘 채 나는 고래싸움에 새우 등 터진다는 속담을 상기하면서 "왜 한국인들이 이렇게 무더기로 희생당해야 하느냐? 다시는 미·소 양대 강국의 냉전 사이에서 우리 한국인들의 억울한 희생이 더 이상 없기를 바란다."며 약간 격앙된 목소리로 강조했다.

이때 기자의 눈이 이제야 듣고 싶은 말을 듣는다는 듯이 반짝빛나며 웃음을 띠었다. 카메라 기자는 내가 말하는 내용을 열심히 찍었다. 이 기자는 취재를 마치고 나에게 명함을 주면서 밤 9시 뉴스에 나간다고 알려 주었다.

그 후부터 이 방송을 고정시켜 놓고 회의를 계속하고 있는데 오후 4시가 조금 지나 요리 강의 시간 중에 갑자기 화면이 바뀌면서 뉴스 앵커가 나타나더니 "방금 들어온 소식입니다. 이번 소련의 KAL 민항기 격추 사건에 대해 이곳 한인사회는 미·소 양대 강국의 냉전 때문에 더 이상 한국인들이 희생당하는 일이 없었으면 좋겠다는 반응을 보이고 있습니다. 상세한 내용은 밤 9시 뉴스에서 알려 드리겠습니다."라고 예보했다.

다른 프로그램 방영 도중에 이 사건이 미·소 간 냉전 때문임을 주장하는 한인사회의 반응을 예보한다는 것은 미 언론도 한인사회의 반응에 의미를 둔다는 뜻이요. 따라서 이렇게 비중 있게 뉴스를 예보할 수밖에 없었으리라. 이 예보를 듣던 회의 참석자들은 잠시 환호성을 지르더니 모두가 집에 가서 밤 9시 뉴스를 보자면서 헤어졌다.

드디어 9시가 됐다. 그런데 어찌된 영문인지 뉴스 시간이 끝나도록 미리 예보까지 한 한인사회의 반응은 한 마디도 없었다. 그때 나는 '그러면 그렇지, 언론자유가 있는 나라라고 어떻게 너희 국익에 관련된 내용을 보도하겠냐? 예보를 듣고 정보기관에서 손을 썼겠지!'하고 생각했다.

곧이어 여기저기서 왜, 우리들을 취재한 뉴스가 안 나오냐? 고 묻는 동포들의 전화가 걸려왔다. 나의 생각을 말하자 모두가 "그럼 예보는 왜 해?" 하고 불평을 했다. 하긴 예보를 안 했더라면 방송이 나갈 때까지 정보당국이 손을 쓸 짬이 없었겠지.

다음날 아침 정확한 취재기자의 말을 듣기 위해서 전화를 했다. "예보까지 해 놓고 왜 보도를 못했냐?"고 물었더니 "나도 실망했다. 예보를 미리 듣고 외부의 누군가가 윗선에 연락, 보도할 수 없었다."고 해명했다.

겉으로는 언론자유를 만끽하고 있는 듯이 보이는 미국도 나의 추측대로 국익 앞에서는 보도 통제가 있음을 보여주는 좋은 예라 하겠다.

미국 언론 중 ABC, CBS, CNN, NBC 등 큰 방송 및 뉴욕타임스,

워싱턴포스트, 로스엔젤레스타임스, 월스트릿저널 등 주류 언론들 말고 영향력이 크지 않은 비주류 군소 방송 신문의 경우는 '너희들 마음대로 떠들어 봐 무슨 영향력이 있어?' 하는 식으로 정부 당국에서 무시하는 바람에 실제로 미 정부 당국이 쉬쉬하는 중요한 정보를 얻으려면 이 군소 언론이나 관련 서적들을 접해야 한다는 게 미국의 모든 것을 닮아가는 오늘날의 한국과 똑같은 현실인 것이다.

물론 국내의 경우는 한 술 더 떠서 국익이 아닌 여당이나 정권을 보호하기 위해 언론의 본연의 자세를 팽개친 조·중·동 등 신문과 그들의 종편 방송, KBS, MBC, SBS, YTN 방송, 그리고 뉴데일리, 이데일리, 일베저장소 등의 온라인 언론 등 주류 언론사들이 자진해서 모르쇠로 일관하거나 정부 여당 적극 편들기로 국민을 바보로 만드는 역할을 하고 있어 의식이 올바른 국민들을 슬프게 하고 있는 현실이다.

'KAL 007기 생존자 구조위원회' 회장이며 『KAL 007 풀리지 않는 의혹들』의 저자 라벗 슐로스버그에 따르면 당시 '소련은 ICBM 즉 대륙간 탄도 미사일을 시험 발사하려고 준비하고 있었으며, 미국은 이것에 대한 정보를 캐내기 위해 최선의 노력을 다하고 있었다.

이때 KAL 007기가 항로를 이탈하여 소련 극동 함대 대륙간 탄도핵 잠수함 기지 상공을 앵커리지에서 입력한 정보를 가지고 자동항법장치를 이용하여 날아갔으며 007기를 이용해서 미 공군 첩보기(RC-135=C-130를 개조한 비행기로, 레이더 상으로는 KAL 007기와 구분이 거의 안 됨)를 통해 첩보활동을 성공시켰다.'고 주장한다.

그는 이어 "007기 조종사는 소련 미사일에 비행기의 꼬리 수평 날개 부분을 피격당해 한 명의 희생자가 생긴 후 노련한 조종술로 12분간이나 침착하게 서서히 하강, 타타르 해협에 있는 유일한 땅인 모네론 섬 앞바다 위에 내릴 수 있었음은 2백여 명의 승객 및 승무원들이 살아 있음을 입증한다."고 주장한다.

007기는 그 후에도 한 시간 이상 안전하게 바다 위에서 소련군 구조대(헬리콥터와 선박)가 올 때까지 건재했으며 260여 명 전원 및 소지품 전부가 소련 측에 옮겨졌고 그 후 어디론지 사라졌으며 그 후 이 비행기는 소련군에 의해 폭파되었다는 것이다.

미국과 한국 정부 당국의 발표처럼 269명 전원이 사망했다면 시체, 여행객의 소지물품, 수백 개에 달하는 신발 등이 유물로 발견되는 게 상식임에도 불구하고 비행기 잔해 외에는 단 하나 그 흔적을 찾아볼 수 없었다는 사실, 그 후 미국의 가족들이 그동안 죽은 줄 알았던 가족의 전화를 받자마자 곧 끊겨버린 일은 가까이 있던 누군가에 의해 통화가 제지당했기 때문이라는 주장, 이렇게 미국 내 가족들이 자기네 혈육이 생존하고 있음을 확신, 미국 정부에 진상조사를 요구했으나 정부는 묵묵부답이었다는 불만 등 007기 승객들의 생존을 뒷받침하는 정황들이 널려 있는 실정이다.

이렇게 모든 정황을 종합해 볼 때 2백여 명의 승객들 중 30년이라는 시간 속에 많은 사람들이 이미 고인이 되었다 치더라도 아직 상당수가 살아남아 있을 가능성이 큰데 과연 이들은 지금 어디서 가족들을 그리워하며 죽지 못해 살고 있을까?

노동력 확보를 위해 가난한 나라에서 수많은 노동자들을 싼 임금으로 수입하고 있는 러시아의 어느 강제수용소일까? 아니면 인류 복지를 위해 그동안 무공해 에너지를 연구하다 쥐도 새도 모르게 한밤중에 사라진 수많은 과학자들과 같은 운명이 되었을까? 007기 피격 30년이 지났어도 이 사건은 아직 수수께끼로 남아 있는 실정이다.

09

효력 없는 구두 약속

1974년 봄, 북쪽 도시의 미국 땅을 처음 밟고 나서, 이른 아침마다 현지의 동포들을 위한 한국어 방송이 시작될 때면 라디오에서 흘러나오던 애국가를 들으며 부부가 함께 향수에 젖어 눈물을 글썽거리곤 했다. 그리고서 불과 2주일 만에 플로리다로 올 수밖에 없었던 이유는 동포 신문사의 박봉으로는 네 식구의 생활이 어려워 대우가 월등히 나은 직장을 찾았기 때문이다.

내가 서울에서 기자생활 중 베트남 전쟁 종군기자로 발령이 났을 때 당시의 의학으로는 거의 불가능했던 허리디스크 문제를 해결해 주어 베트남으로 출발할 수 있게 해 준 의술이 바로 침술이다. 그때 느낀 감격으로 귀국 후 야간을 이용해 침술, 지압, 부황, 뜸 등 대체의학을 공부하기 위해 당시 가장 권위가 있던 종로 5가 소재 '동의침구학원'에서 열심히 공부했고 이어서 임상 경험 5년이 지난 뒤에 미국에 왔으니 침술 등 몇 가지의 대체의학에는 어느 정도 자신이 생긴 후였다.

그 덕에 침술 실기 습득을 오랫동안 고대하고 있던 미국 의사의 초청을 받고 남부플로리다에 있는 미국 의사의 클리닉에서 침술사(Acupuncture Doctor)로 근무하게 된 것이다.

운이 좋았던지 수십 명의 의사들이 못 고친 환자들이 나에게 치료받고 치유되는 경우가 늘어나면서 나에게는 뜻밖의 '미라클 닥터킴'(기적의 김 의사)이라는 별명이 생겼다. 환자의 수가 날로 늘어 하루 평균 25명 정도의 환자를 보느라 눈 코 뜰 새 없이 바빴다. 지금도 당시의 환자들이 써 보낸 감사 편지를 읽노라면 40년 전 그 옛날의 침술사 시절이 그리워지곤 한다.

침술사가 드물던 때라 플로리다 주 브라워드군Broward County (현재 인구 약 150만) 의사협회 회장이 '이제야 Acupuncture Doctor(침술사)를 발견했다.'면서 이틀간 두 시간씩 모두 네 시간 강의를 해줄 수 없겠느냐고 요청했다. 나는 시간당 3백 달러(현 $1,000 이상의 가치)의 강사료와 강의 시간이 토, 일 등 주말이라는 점이 마음에 들어 승낙했다.

우애공제조합(비영리단체)인 피디아스 기사단Knights of Pythias 의 회의실에 마련된 강의실 현장에 나갔더니 120여 명의 의사들이 강의실을 빼곡히 메워 놀랐다. 중국에 다녀온 닉슨 대통령의 핑퐁 외교 덕분에 침술이 들어온 지 불과 얼마 안 되었을 때라 미국 의사들의 침에 관한 관심이 대단함을 실감하면서 짧은 영어로, 그것도 평생 처음으로 백여 명의 푸른 눈 의사들 앞에서 실수 없이 하루 두 시간씩 이틀간의 강의를 마칠 수 있었음은 다행스런 일이었다.

한 가지, 답답했던 것은 의사들이 기氣의 뜻을 얼른 이해하지 못해 애를 먹었던 일이다. 당시만 해도 눈에 보이지 않는 것은 믿질 않는 서양 의사들이었으니 한동안 설명하다가 더는 안 되겠다 싶어 "여러분들 눈에 전깃줄은 보이지만 그곳에 흐르는 전기 그 자체는 안 보인다. 그렇다고 전기가 없는 것이냐? 기도 아직은 우리 눈으로 볼 수 없지만 침술의 치료 효과가 기를 입증한다."고 하자 고개들을 끄덕였다.

강의가 끝난 후 수강생들의 반응이 불과 네 시간의 강의였지만 쉽게 설명해 주어 대부분이 침술을 본격적으로 배우겠다는 반응을 보였다는 초청자 측의 전언을 듣고 기뻤다.

그런데 약속했던 네 시간의 강사료가 $1,200이라야 할 텐데 협회장이 건네 준 봉투에는 어찌된 영문인지 $600만 들어 있었다. 나의 놀란 표정을 본 협회장은 어색한 표정을 짓더니 "맞아요. 약속은 그랬는데 비용이 많이 들어서… 닥터 킴이 이해하세요."하고 얼버무리면서 "우리가 계약서 같은 것도 작성하지 않았으니 그걸로 됐어요."하고 잡아뗐다.

첫 한 시간 강의가 끝나면 10분간 커피 타임이 있었는데 그때 의사들끼리의 대화 중 1시간 수강료를 6백 달러씩 냈음을 들어 알고 있었지만 그런 걸 따지 봐야 미국 의사들도 당시의 한국 의사들처럼 구두로 한 약속을 지키리라고 믿었던 나에게 잘못이 있음을 알았기에 간단히 "우리 한국에서는 남아일언중천금A man never goes back on his word이요. 의사나 변호사와의 약속은 계약서를 쓰나 안 쓰나 똑같은 효과를 발휘하는데 미국은 다 이 모양이요?"하고 조롱하듯 말해 주고 자리를 떴다.

미국이라는 나라에서는 말로 한 약속은 별 의미가 없다는 사실, 사회의 인텔리 층에 속한다는 의사도 말로 한 약속은 무시해도 된다는, 양심이 올바른 장사치만도 못한 존재들이라는 사실을 깨닫는 순간이었다.

공제회 자체가 비영리 자선단체라 대실료도 거의 무료였을 테고 의사 한 명당 네 시간의 침술 강의료를 $600씩 받았으니 주최 측은 7만 달러(현재 가치로 약 20만 달러) 이상의 수입을 올린 것이다.

그 후 나는 계약서 없이 말로만 하는 구두 약속은 한인 동포가 아닌 한 절대로 신뢰하지 않게 되었으니 미국에서 살아가는 방법의 하나를 비싼 값을 치르고서야 터득한 셈이었다.

II 미국 동포 언론에 비친 미국 속의 한국인

01

당시의 국내 정치를 닮은 40년 전의 비민주적 한인사회

마이애미 북쪽 약 40킬로 지점의 교외 도시(Fort Lauderdale)의 미국 의사 클리닉Clinic(개인 의원)에서 침술사Acupuncture Doctor로 근무한 지 한 달이 지났을 때인 1974년 6월 어느 날, 아내에게 "서울에서 오랫동안 긴장 속에서 살아온 기자 생활을 완전히 접고 이제 남들처럼 좀 조용한 삶을 택하기로 했소."하자 아내의 얼굴이 환해지면서 그 말이 못 미더웠던지 "정말?" 하고 반문했고 내가 고개를 무겁게 끄덕이는 것을 보고서야 활짝 웃었다. 아내 역시 남편의 스트레스가 연속되는 생활이 싫었으리라.

이민 생활이 시작되고 얼마 후 마이애미Miami, Florida 지역 한인회 주최 광복절 기념행사 및 한인회 정기총회가 마이애미대학교 강당에서 열린다기에 많은 동포들의 얼굴이 보고 싶어 교회에서 만난 동포 한 분의 차에 편승, 현장에 가 보았다. 당시만 해도 동포 수는 도시가 계속 연결된 세 카운티(군) 즉, 팜비취Palm Beach군, 브라워드Broward군, 데이드Dade(현 마이애미 데이드)군을 통틀어

삼백여 명(당시 미국인 인구 3백여만, 현재 5백만)밖에 안 되었으니 길에서 동포 얼굴 보기가 하늘의 별 따기였던 시절이다.

이날 식장에는 백 명이 약간 넘는 동포들이 자리하고 있어 1년에 한 번씩 모이는 동포들의 행사라서 한 가구에 한 분씩은 이 자리에 나왔구나 싶었다. 그 당시만 해도 오늘날의 연례행사인 한인체육대회 같은 것은 생각지도 못한 때다.

식장의 강단 위 벽에는 광복절 기념식 및 한인회 총회를 알리는 현수막이 크게 걸려 있었다. 행사 약속 시간이 거의 30분이 지나서야 점잖게 생긴 40대 신사(후에 알고 보니 현직 의사요, 한인회 이사라 했다.)의 사회로 식이 열렸다. 남의 나라에 와서 처음 부르는 애국가 합창 때는 전례 없이 가슴이 뭉클했다.

광복절 기념식이 간단히 끝나고 총회가 열리면서 그간 결원이 된 두 분(총 이사 수 8명)의 이사 보궐 선거 순서로 넘어간다. 그런데 회원들의 추천 절차도 없이 누군가에 의해 미리 지명된 분들의 명단을 사회자가 일방적으로 발표하면서 "여러분, 반대하여 드는 분이 없으면 박수로 두 분을 이사로 추대해 주세요." 하는 것이 아닌가. 거수로 가부를 묻는 것도 아니고 몇 분의 찬성자만 박수를 쳐주면 그 수가 10%가 되건 더 많건 상관없이 통과시킨다는 식이다.

아무도 의문을 제기하거나 반대 발언을 하는 분이 없는 상태에서 그냥 가벼운 박수 소리가 났다. 사회자는 재빨리 두 분이 이사로 선출되었다며 강단 위로 올라와 달라고 요청하자 그분들은 나와서 회원들에게 허리를 굽혀 인사를 한다.

나는 이때 '전 세계에서 민주정치가 가장 잘되어 나간다는 미국에 살면서 하는 짓은 어쩌면 국내 정치와 그렇게도 닮았지?' 하고 탄식했다.

당시 국내에서는 박정희의 유신체제로 통일주체국민회의라는 어용단체를 통해 장충체육관에서 100% 가까운 절대다수의 지지로 박씨가 대통령으로 선출된 후였기에 이날 일어난 사건이 국내의 군사독재를 연상시켜 마음이 착잡했다. 나야말로 그 독재체제가 싫어서 미국으로 도망(?) 온 장본인이 아닌가.

이날 모임이 끝나고 집으로 돌아오면서 동행한 분께 "한인회 총회에서 회원들의 의사는 묻지도 않고 자기네가 마음대로 정한 분들을 이사로 세우더군요. 회칙이 그렇게 되어 있나요?"하고 불만스런 말을 던졌다. 이분의 대답은 "회칙이야 다른 한인회처럼 잘되어 있지만 먹고살기 바빠서들 그런 데 신경 안 써요. 마음속으로는 그래서는 안 된다고 생각하지만 워낙 동포 사회의 거물급들이라 누가 그분들을 상대로 나서서 잘못을 지적할 엄두를 못 내죠." 한다. 순간 그분들이라는 존재가 쥐 세계의 고양이를 연상시키면서 '고양이의 목에 방울 달기'라는 '이솝' 우화가 머리를 스쳤다.

나는 이때부터 이곳 동포사회에 관심이 가기 시작하면서 얼마 후 한인사회를 자기네들 마음대로 쥐락펴락하는 거물급의 성분도 알게 된다. 대부분이 오래전에 미국에 온 30~50대의 인물들로 멤버 수는 8명, 특히 서울의 A명문 사립대 출신 의사들과 동창들이 그중 3분의 2를 차지해 이 그룹의 주류를 이루고 있다.

말하자면 미국에서 동포들이 가장 높이 바라보는 직업인 의사들이 이곳 동포사회를 지배하고 있었는데 그 그룹 보스의 나이는 다른 멤버들보다 위이지만 고등학교가 최종학력임에도 대학 출신들로 이루어진 조직을 지배하는 카리스마가 있는 분이었고 전 회원들에게 친동생 대하듯 반말을 쓰고 있었다. 즉, 이 지역 동포사회에서는 유일한 사조직(이후 '8인회')의 대부였던 셈이다. 이번 새로 선출(?)된 신임 이사 두 분도 8인회 멤버들과 평소 가까이 지내는 인물들이란다.

내가 더욱 놀란 것은 한인회장은 8인회 멤버들만이 돌아가면서 차지한다는 불문율이 동포사회에 자리 잡은 이래 서울의 명문 B 국립대 출신 의사들은 뒤늦게 미국에 온 죄(?)로 그 그룹에 낄 수도 없었고 한인회 이사니 회장 같은 것은 생각지도 못하는 처지라는 것이다.

그날 밤 나는 비민주적인 이곳 동포사회의 행태를 바로잡을 방법은 없을까 연구하느라 잠을 설쳤다.

바다에서 바라본 마이애미 다운타운의 야경

02

한인사회 민주화를 위한 투쟁

너무 바쁜 생활을 하다 보니 한인회 등 동포사회를 위한 일들에 마음을 쓸 여유가 없었으나 퇴근 후에는 겨우 최저생활을 영위하는 동포 환자들이 소문을 듣고 찾아와 꾸준히 무료 시술로 이분들의 고통을 덜어줬다.

그런데 얼마 후 이 고장의 한인 의사들(당시 6명)이 나를 안 좋게 욕을 한다는 소식이 들렸다. 자기네들은 동포들에게 치료비를 받는데 왜 나만 무료치료를 해서 자기네 입장을 거북하게 하느냐는 것이다.

그러나 무료시술의 목적이 자기네 입장을 거북하게 하려는 게 아닌데다 어차피 나를 찾는 당시 환자들은 빈곤층에 속해서 값비싼 미국의 의료비를 내고 의사들을 찾아갈 분들이 아니었기에 그냥 못 들은 척했다.

서울에서 침술을 배운 후 미국으로 이주할 때까지 서울 주변의 시골 양로원에 있는 가난한 노인들을 상대로 오랫동안 무료 시술을 해온 처지라 가난한 이곳 동포들에게 침을 놓고 돈을 받는다는 게 나로서는 오히려 부자연스럽게 느껴졌다. 그 후 현재까지도 나에게 침을 맞겠다는 동포 환자는 무료로 시술해 주고 있다.

그러고서 한동안 시간이 흘렀다. 교회에서 만난 동포 중 말이 통할 만한 몇 분을 가끔 만나면서 자연스레 한인회 얘기를 주고받았다. 모두가 한인회의 행태가 문제가 있음을 알고 있으면서도 개선 방안을 제시하는 분은 찾을 수 없었기에 슬쩍 나의 생각을 털어놓았다.

"사회의 흐름을 바꿔 놓는 데는 신문 이상 효과적인 게 없어요. 신문을 만들어 봅시다."라고 하자 모두가 "옳은 말이긴 한데 하지만 신문을 만들 줄 아는 분도 없고(이때까지 내가 기자 출신임을 공개한 적이 없었으니…) 모두가 최저 생활을 하는 터라 재정 능력도 없는데 어마어마하게 신문을 만든다니요?"하면서 나를 약간 돈 사람 취급 하는 표정이 역력했다. 하긴 국내에서 당시의 조선일보사나 동아일보사 같은 신문사만 봤을 테니 이런 반응이 나오는 게 당연한 일이리라.

이때 나는 이분들을 설득하기 위해서는 이제 나의 기자 경력을 공개할 수밖에 없음을 알았다. "실은 서울에서 기자 생활을 하다 왔기에 신문 제작방법은 내게 맡기시고 돈이 많이 안 드니 십시일반으로 재정 면에서 뒷받침만 해 주신다면 불가능한 일이 아니죠."했더니 모두가 '침술사가 기자였다.'는 사실에 놀라는 표정들을 짓다가 그중 한 분이 "돈이 얼마 안 든다는데 그럼 신문을 만드는 데 드는 예산 등 상세한 내용을 작성해서 다음번 모임에서 밝혀 줄 수 있어요?"하고 주문했다.

그 결과를 보면 진짜 기자생활을 한 것인지의 여부를 테스트할 수 있지 않을까 생각했던 모양이다. 어찌 됐든 나에게는 이번 모임에서 헝클어진 실타래를 풀 수 있는 실마리를 찾아낸 듯해 내심 기뻤다. 돈이 얼마 안 든다면 반대할 이유가 없다는 표정들을 보여주었기 때문이다.

때마침 이곳에 단 하나 있는 교회(현재는 동포 수 1만 명, 개신교회만 33개)의 교역자가 '8인회' 분들에게 '여러분들은 이 고장 동포 사회를 이끌어가는 분들이니 이제 막 이민 온 서민층 동포들께도 따뜻한 손길을 뻗쳐 달라.'고 호소했는데 평소 그런 일에 별로 신경이 안 가던 8인회 측은 '유력한 인사들끼리만 어울리지 마라.'는 뜻으로 곡해한 나머지 교역자와 8인회의 사이가 껄끄러운 관계로 발전하고 있었기에 교역자를 따르던 이분들은 8인회에 대한 감정이 좋지 않아서 나의 자세에 동조했던 것으로 보였다.

그 당시만 해도 일반인에게 컴퓨터가 보급되지 않았기에 한글 타자기를 구입하는 등 준비 과정으로 많은 시간이 흐른 후 동지들의 적극적인 협조로 드디어 주간지 크기(타블로이드판)의 『우리소식』이라는 새호의 신문이 처음엔 4페이지씩 매 격주간으로 발행되기 시작했다.

동지들은 붓글씨로 기사 제목 달기, 광고, 발송, 홍보 등 신문 제작 일선에 참여하고 나는 발행인 겸 편집인으로서 기사 취재와 작성, 논설, 편집, 교정, 타자 등 주로 신문 제작의 핵심 부분을 책임졌다. 인건비가 필요한 신문이 아니었기에 제작비는 타자기 구입 후 용지대, 인쇄비, 발송비 등 최소한도의 비용이 들 뿐이었고 그보다는 기사취재 및 작성, 교정, 편집, 서툰 타자 등에 하루 평균 2~3시간씩 투입되는 게 가장 큰 고역이었다.

그간 한인회의 문제점 등을 알게 된 아내도 신문 말고는 다른 방법이 없다는 데에는 동의하면서도 그 일(신문제작)을 누군가 다른 분이 해주길 바랐다. 옳은 일을 하면서도 '바른소리' 때문에 남에게 욕먹는 일을 누가 좋아하겠는가. 그러나 이 고장에 기자 생활에 경험이 있는 사람은 나뿐이니 '고양이 목에 방울 달기'는 나의 몫일 수밖에 없었고 따라서 아내 앞에서 기자생활을 접겠다 던 나의 약속은 차라리 하지 않느니만 못하게 되었다.

『우리소식』은 영향력을 의식해 주미대사관을 비롯해서 관할 인 애틀랜타 총영사관 등 요로는 물론 미주 내 동포들이 몰려 사는 대도시의 신문 방송에도 한 부씩 발송했다. 그 결과 엘에 이, 뉴욕, 시카고, 워싱턴디씨 등 도시의 동포 신문 및 방송은 『우리소식』에 보도된 기사를 100% 믿어 인용 보도함으로써 그 보도를 통해 현지 동포들이 마이애미 사정이 아는 동포들에게 수시로 이러이러한 마이애미 한인사회의 기사를 봤다며 전화로 알려오곤 했다.

『우리소식』을 받아 보던 8백 리 북쪽, 디즈니월드가 있는 올랜 도 한인회에서 협조 요청이 왔다. 동포들에게 한인회 소식을 전 달하는 데 『우리소식』을 활용함이 최선책이라는 것이다. 운영난 을 타개하기 위해 좋은 아이디어라 생각해서 그곳 동포사회(현재 약 1만 명) 뉴스도 크게 다루어 페이지를 12~16페이지로 늘리면 서 신문 발행을 위한 재력을 강화해 나갔다. 마이애미 동포들을 목표로 했던 것이 전 플로리다(현 동포 인구 약 5만, 전체 인구는 1천5백만) 지역으로 확장 발전되어 가는 계기가 된 것이다.

한반도 크기보다 약간 작은 플로리다 반도는 한반도로 치면 부산의 위치에 마이애미, 서울의 위치에 올랜도, 인천 위치에 탬파, 북한의 원산 위치에 잭슨빌이라는 도시가 있다. 그리고 북한의 평양 비슷한 위치에는 플로리다 주정부가 있는 텔라하시가 자리하고 있다.

그중 가장 큰 도시가 마이애미(군 인구 3백만, 도시가 계속 연결된 3개군 즉, 남부플로리다 인구 5백만), 다음이 탬파, 올랜도, 잭슨빌 순이다. 참고로 도시 간 거리는 마이애미-올랜도 약 330km, 마이애미-탬파 약 450km, 마이애미-잭슨빌 약 525km가 된다. 또 플로리다 반도의 끝에서 끝까지의 거리는 1,140킬로미터이며 차로 약 12시간이 걸린다. 물론 다리로 연결되는 미국의 최남단 키웨스트까지 따지면 1,340킬로미터로 차로는 14시간 이상 걸린다. 플로리다 주의 크기는 약 17만 평방킬로미터로 한반도(약 21만 평방킬로미터)보다 약간 작지만 전체가 산이 없는 평야지대라 주거 지역은 산의 나라인 한반도에 비해 3~4배나 넓은 땅이다.

한동안 시간이 흐르면서 예상한 대로 8인회가 긴장하기 시작했다. 처음에는 돈 없는 새까짓 젓들이 신문은 무슨 신문? 하는 자세였으나 매월 두 번씩 나오던 소그마한 신문이 시간이 지나면서 주간지로 변하고 지면이 늘고 배포지역도 확장되고 전 미주지역에 영향력을 행사할 뿐 아니라 미국 내 동포 사회가 민주화되어야 한다는 내용의 논설, 가십까지 실어 동포들의 의식화를 꾀했으니 이제 자세가 바뀔 수밖에 없었던 것이다.

『우리소식』이 나오고 처음 열리는 광복절 기념식 및 한인회 총회에 취재를 위해 나갔을 때 총회의 사회자가 뜬금없이 '『우리소식』 발행인 겸 편집인 김 아무개 기자를 한인회 이사로 추대하니 박수로 지지 의사를 표해 주세요.' 해서 깜짝 놀랐다.

나는 이 말이 떨어지기가 무섭게 벌떡 일어나서 정중하게 "신문 만드는 사람은 언론 본연의 직무 수행을 위해 한인회 이사 같은 공인이 되어서는 안 되는 입장이니 없던 일로 해 주시면 감사하겠습니다."하고 앉자 장내는 쥐죽은 듯 조용해졌다. 아마 이날 사회자 측(8인회)은 이곳 동포사회에서 큰 감투(?)인 이사직이니, 기자가 감지덕지하지 않겠냐? 또는 골치 아픈 기자를 자기들이 포섭해서 자기네에 유리한 신문을 만들자는 등 꼼수를 부리는구나 싶었다. 그렇다면 나의 이사직 수락 거부 발언은 8인회 멤버들에게는 괘씸하고 불쾌한 것일 수밖에 없었을 것이다.

대서양의 물이 따스해서 겨울에도 수영을 할 수 있는 마이애미 지역 해변, 백사장이 끝도 없이 펼쳐 있다. 시가지는 바다 반대쪽으로 펼쳐 있다.

03

한인사회 민주화 투쟁의 첫 열매

　8인회의 세력이 약화되자 드디어 이 고장에서는 처음으로 8인회의 추천이 없이 또 그분들과는 관계가 없는 국내 명문 B 국립대 출신 의사 한 분이 한인회장으로 단독 출마했는데 8인회가 예전처럼 방해하지 못했음은 과거에는 상상도 못했던 일이다. 8인회는 이제 더 맥을 못 춘다는 사실이 입증된 것이다.
　『우리소식』은 이렇게, B대 출신들은 물론 일반 동포 누구나 한인회장에 선출될 수 있는 길을 활짝 열어 한인회를 8인회의 것에서 이 고장 동포사회의 주인인 일반 동포들의 것으로 돌려줌으로써 마이애미 지역 한인사회를 민주화하는 데 이바지했다.
　한인회가 민주화되어 8인회가 영향력을 잃자 이분들은 또다시 자기네끼리 중심이 된 마이애미한인상공회의소를 창립해 8인회의 보스가 초대 회장으로 취임한다.
　초대회장의 1년 임기가 끝나고 2대회장에 같은 8인회 멤버가, 3대는 자기네 측근 인사가 속속 선출되는 동안 이분들은 한인회가 주관하는 전체 동포들을 위한 야유회마저도 상공회의소 이름으로 주관해서 곧 이어지는 한인회 야유회에는 참석자가 거의 없어지자 한인회는 상공회의소 측에 '야유회는 상공회의소 회원끼리 하라.'며 불평을 했다. 옛 버릇 못 고치고 이제 상공회의소의 이름으로 동포사회를 자기네가 좌지우지해 보겠다는 자세가 눈에 띄었다.

시간이 흘러 상공회의소 3대 회장의 1년 임기가 끝나갈 무렵, 이곳 동포 기업인 중 가장 크게 사업을 한다는 분이 회원으로 입회하면서 회장에 출마한다는 소문이 돌았다. 이분은 평소 8인회 멤버들이 가장 싫어하는 인물이었기에 이번에 이분이 '왜 너희들끼리만 해? 나도 한 번 회장을 해보자.'고 오기로 출마한 것이 아닌가 생각되었다.

그런데 8인회 측에서 흘러나온 소문은 창립 때부터 만 3년간 회비를 낸 사람에 한해서 회장 출마 자격이 있다는 회칙(?) 때문에 그분은 출마 자격이 없다는 것이었다. 『우리소식』 측에서는 창립 때부터 모두 두 차례의 총회 기록을 확보하고 있었기에 8인회 측 주장이 사실인지 확인 작업에 들어갔으나 회장 자격 요건에 그런 조항은 없었다. 혹시 신문사 몰래 회칙 개정을 위한 임시 총회를 열었는지 확인했으나 현직 이사 8명 전원이 그런 일이 없다고 증언하니 결국 이번 사건도 8인회의 장난임이 들어났다.

나는 당시의 현직 회장에게 전화로 "3년간 회비를 안 낸 인사는 회장 출마 자격이 없다는데 사실이오?"하고 물었다. 양심에 가책을 받은 회장은 기어들어가는 소리로 "그렇습니다." 한다. 나는 이어 "이사진 전원에게 그런 회칙이 없다는 사실을 확인했어요.

문서 위조 등 후에 생기는 모든 법적 책임을 지겠어요?" 하고 다그치자 너무 당황해서 대답도 제대로 못하고 전화를 끊은 이분은 불과 20분도 못 돼 헐레벌떡 신문사에 찾아와 "며칠 전, 밤중에 초대, 2대 전임 회장 두 분이 집에까지 찾아와서 그렇게 새로 문구를 정관에 집어넣어야 그분의 출마를 막을 수 있다고 강조해서 몇 차례 반대하다가 하는 수 없이 이분들의 요구를 받아들였는데 그 일은 없는 일로 할 테니 제발 기사를 잘 써 주세요."하면서 벌써 날조된 조항이 삽입된 회칙을 내놓으며 자신의 실수를 사과했다.

『우리소식』 다음 호 1면 머리기사로 크게 보도된 이 기사는 전 미주 각 지역 동포 언론에도 일제히 보도되었다. 며칠 후 주미한국대사관이 있는 워싱턴디씨 소재 『한국신보』 사회면에 이 기사가 크게 실린 것을 플로리다 거주 동포들이 보게 되었다. 당시 나의 요청으로 『한국신보』가 이곳 동포사회에 무료로 배포될 때였으니 당시 『우리소식』의 영향력을 짐작하게 하는 대목이다.

8인회 멤버 몇 분이 『한국신보』를 들고 보스의 집에 찾아가서 함께 이 기사를 보게 되었을 때 보스는 자신의 실명이 세부에까지 등장한 것을 보고 "아이구 창피해! 워싱턴디씨에도 엘에이에도 내 친구들이 있는데… 아이구 창피해!"를 연발했다고 한다.

결국 초대, 2대, 3대 회장이 모여 회칙을 날조한 사건은 전 미주 우리말 언론에 보도돼 하루아침에 시정되고 8인회가 기피했던 인사가 단독 후보로 출마해서 민주 방식에 따라 압도적 지지로 당선된다. 그러나 막상 상공회의소 신임회장 취임 총회에는 창립 주동 멤버(8인회)의 모습은 전혀 보이지 않았으니 양심상 그 자리에 나타나질 못했던가 보다. 이렇게 해서 8인회는 자승자박의 결과 한인회와 마찬가지로 상공회의소마저도 완전히 손을 떼고 원주인인 일반 기업인들에게 넘겨줄 수밖에 없었다.

이 고장 동포 사회의 민주화에 성공한 『우리소식』은 창립 목적을 다했기에 이번 일을 계기로 문을 닫게 된다. 당시 『한국신보』는 『우리소식』에 실릴 기사 전부를 보도한다는 조건을 받아들였으니 나와 『우리소식』의 제작 동지들의 노고가 그만큼 줄면서 독자들은 현재의 국내 일간지와 똑같은 크기의 『한국신보』를 받아 보게 된 것이다.

얼마가 지난 어느 날 8인회 측에서 자기네 보스가 나를 만나고 싶다며 일부러 사람을 보내왔다. 자기네를 궁지로 몰아넣은 나를 그들의 보스가 만나고 싶다고? 나는 순간 착잡한 생각이 들었으나 그런 자리를 마다하고 기자가 무슨 정보를 얻겠는가?

약속 시간에 맞춰 일식집 레스토랑에 갔더니 의자가 아닌 방석 집처럼 된 방에 둥근 테이블을 둘러싸고 8인회 멤버 전원이 맥주잔처럼 큰 유리컵 술잔들을 들고 앉아 있었다. 보스 한 분만 만나리라는 나의 순진한 생각이 순간 무너짐과 동시에 긴장으로 단단히 정신 무장을 했다.

이때 내가 느끼기는 생각은 호랑이 굴에 잘못 들어왔구나였다. 그 자리에는 낯선 얼굴도 하나 더 보였다. 이 고장에 온 지 얼마 안 된 신입 회원이란다.

권하는 대로 자리에 앉자마자 보스는 나의 자리 앞에 놓인 큰 유리 술잔에 정종을 가득 부으며 우리는 그동안 한 잔씩 했으니 쭉 마시라고 한다. 그때 이 자리에 앉은 모든 멤버들의 눈이 나를 주시하며 술을 다 마시도록 독촉하는 듯한 공포 분위기를 조성한다.

만일 여기서 술을 마시지 않으면 나의 기가 꺾이는 결과가 올 것이다. 그래서야 되겠는가? 돌아가면서 한 잔씩 나 한 사람을 상대로 술 공세를 퍼붓고 있는데 결과는 내가 아홉 잔을 마실 때에 그분들은 내가 답례로 붓는 고작 한 잔씩만 들면 되는 극히 불공평한 함정에 말려들었음을 뒤늦게야 깨달은 것이다.

나는 주는 대로 지체 없이 쭉쭉 들이켰다. 그러자 다음에 앉은 분이, 또 다음 분이 연거푸 술을 권한다.

세계 유람선의 모항 마이애미 항구에 입항하는 호화 유람선

04

주미 대한민국 외교관들의 이모저모

　이분들은 술을 권하면서 나에게 질문 공세를 펴기 시작했다. 한 분의 질문 후에 나의 대답이 끝나자마자 바로 이어 다른 분의 질문이 잠시의 간격도 없이 순서대로 이어진다는 사실은 이분들이 미리 짜 놓은 각본대로 움직이고 있다는 뜻이다.

　이분들이 놀라는 표정을 짓기 시작한 것은 내가 큰 잔으로 정종을 가득 부어 벌써 넉 잔째 마시고도 끄떡 없이 질문에 또박또박 명쾌한 대답을 하고 있다는 사실을 알면서부터다.

　어느 분이 "아니, 웬 술이 그렇게 세요?" 하기에 "기자생활하려면 술이 약해선 안 되죠."라고 능청을 떨었다. 실은 평소 정종은 맥주잔으로 두 잔 정도면 취기가 오르는 게 나의 술 실력이었으나 이날은 너무 긴장한 탓으로 그 두 곱을 마셨는데도 멀쩡했던 것이다.

　질문 내용은 내가 듣기에 모두가 유치한 것들이었다. 첫 번째 질문은 역시 이 모임의 보스가 담당했다.

아무개 "고위 공직자가 많은 돈을 주었다는데 사실이오?" 내가 전혀 알지도 못하는 터무니없는 내용인지라 속으로는 '이런 몹쓸 사람들!' 하면서도 한 술 더 떠서 "기자란 주는 돈을 아무 조건 없이 받되 그 돈으로 기사를 없애거나 축소시켜서는 안 되는 것입니다. 만일 그럴 자신이 없다면 처음부터 돈을 받아서는 안 된다는 게 기자세계의 불문율이죠. 그래서 나도 그 고관이 수표가 아닌 현금 10만 달러를 주기에 그냥 조건 없이 받았지만 기사 보도에는 전혀 영향을 받지 않았어요. 뭐가 잘못됐나요? 한 가지, 앞으로는 기자의 부정 내지 불의의 내용을 따지려면 증거부터 확보한 다음 이런 자리를 마련해야지 소문 운운하면 실없는 사람이 됩니다."라고 장광설을 늘어놓았다.

보스는 부끄러웠던지 얼굴을 붉히면서 "허허… 몇천 달러라면 곧이듣겠지만…." 하면서 쑥스러운 표정을 감추지 못했다. 이때까지 다른 사람들과 같이 나를 적대시하는 표정으로 시무룩했던 신입 회원의 얼굴이 밝아지면서 나에게 호감을 갖는 표정이 역력했다. 아마 사전에 나에 대한 악선전을 많이 들었다가 막상 현장에서 확인한 기자의 이미지는 그게 아니었다는 것일까? 그래선지 마지막 이분의 차례가 왔는데도 이분은 이미 여덟 잔이나 마신 나에게 술을 더 권하지 않았다.

없는 말을 날조해서 기자의 기를 꺾으려 드는 치졸한 자세에 오히려 10만 달러라는 엄청난 액수를 받았다고 나오니 이분들이 기가 찼을 것이다. 신입 회원은 이제 나를 대하는 자세가 확 바뀌어 언행이 다른 분들처럼 거칠지 않고 겸손하고 친밀감마저 느끼게 했다. 점잖은 이분은 어쩌다가 끼어서는 안 될 자리에 낀 게 분명했다.

그 후에 들린 소문에는 내가 약 1시간이 지나서 현장을 떠나자 이분이 8인회 멤버들에게 "김 기자는 기사를 돈으로 바꾸는 등 당신들이 생각하는 것처럼 호락호락 불의와 타협할 사람이 아니니 앞으로는 그런 식으로 대하지 말아요."하고 충고를 했다 한다.

이 자리에서 나왔던 또 다른 질문은 자기들이 죽도록 싫어하는 기업인 이름을 대면서 "왜 신문을 한다면서 공평치 못하게 누구와만 친해서 만날 그 사람 집에만 놀러 다니고 자기네와는 어울리질 않죠?"하는 것이었다. 나는 속으로 '유치의 극치로군.'하고 생각하면서, "기자는 친한 친구가 있으면 안 되고 누구 집에 놀러 가면 안 돼요? 그런데 어쩌지? 여러분이 나를 초청한 적이 없어서 어울릴 기회가 없었던 것처럼 사실은 그분 집이 어디인지 나도 몰라서 단 한 번도 가본 적이 없어요. 그런데 그런 걸 기자에게 질문이라고 하다니 최고 학부를 나왔다고 하는 여러분들에게 실망했습니다. 질문 내용들이 모두가 사실과는 거리가 먼 조작된 것들이거나 너무 유치한 것이어서 술 맛이 안 나요."라고 했더니 질문한 분의 얼굴이 벌게졌다.

이렇게 7~8건의 질문이 있었지만 너무 내용이 시시해서 잊은 지 오래됐고 30여 년이 지난 지금 위의 두 질문만 기억에 또렷이 남아 있을 뿐이다.

이날, 이 자리의 목적은 자기네가 만든 상공회의소의 회칙 날조 사건까지 보도해서 자기네를 궁지에 몰아넣은 기자에게 어떻게 하면 복수를 할 수 있을까? 생각 끝에 나의 무슨 약점이라도 잡아서 기를 꺾어 놓아야겠는데 그럴 기회가 없으니 일단 만나

이 고장 동포사회에서 힘(?) 깨나 쓰는 자기네들이 둘러싸고 공포 분위기를 조성하면 겁을 먹고 내가 꿀려 들어와 자기네와 친해질 수 있지 않을까? 하고 유치한 꼼수를 부렸던 것으로 보였다.

드디어 1979년 마이애미에 대한민국 총영사관이 신설(1998년 폐쇄)되면서 이곳 동포사회에 이상한 기류가 형성되기 시작했다. 완전히 한인 사회에서 자취를 감추었던 8인회 멤버들 중에는 신임 초대 총영사의 고등학교 동창 후배들이 몇 명 있었는데 고교 선배인 공관장을 이용해 총영사관이 주최하는 공적 행사에서 한인회 인사들보다는 8인회 멤버들이 항상 동포사회의 주인 노릇을 하기 시작한 것이다. 말하자면 빼앗긴 한인사회를 공관장의 빽으로 자기네가 되찾자는 술수를 부린 것이다.

그런 일이 자주 벌어지자 나는 총영사를 만나 그동안 이곳 동포사회에서 해 온 8인회의 행패를 소상히 알려 주면서 다시는 한인 사회가 그들로 인해 옛날로 후퇴하는 일이 없도록 해야 할 것이라고 귀띔해 주었다.

그러나 인성 면에서 후배들에게 약했던 총영사는 그 후도 전혀 달라지지를 않았다. 거기에다 미국 내 교민 사회로는 아주 미미한 크기의 '마이애미지역 기자쯤이야 무시해도 돼.'하는 자세도 없지는 않았을 것이다.

그런데 불행히 이 공관장은 평소 말수가 너무 많아서 자주 문제를 일으켜 오던 중 또다시 동포 여성들에게 말을 크게 실수해서 가십거리를 제공한 일이 발생했다. 워싱턴디씨의 동포신문에까지 가십으로 이분의 실수가 보도되자 당시 김용식 주미대사는 이 공관장에게 전화로 '신문 기사를 봤다, 말을 조심하라.'는 훈계를 했다.

직속 상사로부터 꾸중을 들어 그제야 정신이 든 이 공관장은 즉시 나에게 전화를 했다.

"대사님의 전화를 받았습니다. 앞으로는 잘할 테니 제발 좀 잘 봐 주세요."했다. 그때 나는 "공관이 교민 보호에 충실하면 되지요. 전번에 만났을 때 충고했지만 건강하게 흘러가고 있는 교민 사회의 흐름을 사사로운 인정 때문에 역행시키려는 언행은 모국 외교관의 월권행위요. 이 고장 동포 사회를 어렵게 민주화시킨 언론이 아직 살아 있어요."하고 신문 기자의 또렷한 자세를 알려 주었다.

대한민국 마이애미 주재 총영사관이 들어 있던 바닷가의 '인터컨티넨탈 마이애미' 호텔의 야경

05

지역 언론 무시한 공관장의 말로

한 번 혼이 난 공관장은 그 후 사적으로는 8인회 멤버들과 친히 어울리면서도 공적인 행사에서는 한인회를 중심으로 교민 사회를 대하게 된다. 그 후부터 마이애미 공관장으로 부임하는 총영사는 전임자가 귀띔해 준 탓인지 교민사회에 단 한 건의 월권 행위가 없이, 또 시시비비의 원칙을 지켜가는 언론과 불가근불가원(不可近 不可遠)의 거리를 유지하며 성실히 근무하다 떠났다.

제3대 마이애미총영사가 취임한 직후 나는 현 이승봉 발행인을 편집국장으로 한 『한겨레저널』을 창간(1991.01.10.), 초대 발행인 겸 편집인에 취임하게 된다.

공관이 한동안 조용히 지나간다 싶더니 중남미의 트리니다드 토바고(인구 130만의 섬나라)라든지 아프리카의 탄자니아 등 교민이 거의 없고 많이 알려지지 않은 나라들의 대사로 있던 분이 외교관 생활 중 처음으로 미국으로 영전, 마이애미 공관장으로 부임하면서 잡음이 일기 시작했다.

문제는 이분의 성격이 너무 독선적인데다 안하무인격인 강한 성격 탓으로 부하직원들로부터도 기피당하는 분이라는 것이다. 이분의 스타일은 공관의 부총영사 역할을 하는 바로 아래의 영사 부인마저도 파티 때마다 자기 관저(관사)에서 식모처럼 마구 부려먹고도 저녁 식사마저 제공하지 않아 밤늦게 집에 돌아와서 식사를 하는 등 전 직원들의 원망의 대상인데다 교민 사회도 자기에게 절대 복종을 요구하는 등 모두가 자기 마음대로 되어야만 직성이 풀리는 독재자 형 성격으로 외교관보다는 군대와 같은 조직에 어울릴 만한 분이었다.

이분이 어느 날 저녁, 신문사에는 알리지도 않고 살짝 당시 총영사의 손발 노릇을 해주던 한인회장 등 교민사회의 지도급 인사 40여 명을 식사에 초청하더니 식사가 끝나자마자 마치 군대의 조직처럼 현장에 나와 있는 교민들을 네 개의 팀으로 편성하고는 자기에게 평소 잘하던 분들을 팀장으로 각각 위임했다.

이 자리에 모인 교민들의 대부분은 공관장이라면 무조건 떠받드는 어용인사들이 거의 대부분이었고 평소에 심지가 빳빳했던 소수의 엘리트층 동포들은 한 분도 보이지 않은 것으로 보아 마음대로 안 되는 교민들은 미리 걸러낸 듯했다.

소문을 듣고 취재차 현장에 나간 나는 공관장의 행동이 전혀 이해가 안 가서 "미국 내 교민사회에 왜 이런 관제 조직이 필요하죠?"하고 물었더니 공관장은 불쾌한 표정으로 "공관이 앞으로 이 팀을 활용해서 본국 정부의 지시를 전달하려는 것."이라고 황당한 대답을 한다. 언제부터 모국 정부가 미국 거주 교민들에게 지시를 했다는 말인가? 고위 외교관 발언치고는 몰상식한 것임이 분명했다.

또 언론을 우습게 보지 않고서야 해외공관의 월권행위에 속하는 일을 기자의 질문에 그토록 당당하게 대답할 수는 없는 법이다. 게다가 내심 공관으로서는 떳떳치 못한 일이었기에 교민사회 인사들을 거의 전부 초청하면서 신문사에만은 비밀리에 했음을 알았다.

당시 외무부에는 5·16 쿠데타 후 군 장교들이 외교관으로 변신한 경우가 허다했기에 나는 이 공관장도 그런 경우가 아닌가 하고 서울에 조회를 해 봤으나 그건 아니었다. 주로 교민이 거의 없는 중남미와 아프리카의 작은 나라 공관만 돌아다녔던 탓인지 그 길고 긴 외교관 경력에도 불구하고 아직은 우쭐하는 '촌스런 외교관'의 때를 벗지 못한 상태였다.

재미 동포사회는 그 무시무시한 군사독재하에서도 그런 식으로 모국 독재정권의 지시에 복종하는 사회가 되어 본 적이 없었기에 나는 이틀 후 공관장에게 조용히 충고를 했다. "미주지역이나 유럽지역은 중남미나 아프리카 지역과는 교민들의 수준이 달라요. 교민보호 이외의 그러한 공관의 독선적 대 교민 관계는 머지않아 문제가 옵니다."

그분은 '어디 한번 해보자.'는 듯 아무 말도 없이 기자를 노려봤다. 역대 공관장으로 기자에게 이런 표정을 지은 것은 이분이 처음이다. 국내에서 5·16 쿠데타 직후 내가 '국가재건최고회의'에 출입했을 당시 어느 최고위원(당시 육군대령)으로부터 비슷한 경우를 당한 적이 있을 뿐이었으니 황당한 느낌이 들었다.

그런데 이게 웬일인가? 다음날부터 며칠 전에 조직한 4개 팀을 동원해서 오히려 '기자가 공관의 업무를 간섭한다.'는 소문을 동포사회에 퍼트렸다. 그때에 얼른 내가 느낀 것은 공관장이 만든 조직은 '모국 정부 지시 전달'용은 변명일 뿐, 실은 이 고장의 꼿꼿한 언론을 민·관 합동 작전으로 약화 내지 말살시키자는 목적이었음을 깨닫게 된 것이다.

강한 성격에 자기 마음대로 안 되는 자유 언론을 미국에서 처음 접하고 '해외 교민사회의 신문쯤이야!'하는 외교관답지 않은 오만한 자세가 만든 결과였다. 거기에 대부분의 교민들이 총영사의 말이라면 대통령의 말쯤으로 착각하는 수준이었으니 이 공관장이 우쭐할 만하지 않은가.

한 술 더 떠서 『한인회보』가 '총영사의 부정 관련 기사를 보도한 신문은 폐간해야 한다.'는 한인 이민사상 초유의 기사를 대서특필, 마치 '총영사 개인 신문'으로 착각할 수준의 글로 도배했다. 더욱 기관인 것은 당시 동포사회 단체 중 한인회, 해병전우회 등 여러 단체가 전체 회원들이 합의나 한 듯이 공동 명의로 『한인회보』와 다른 지역에서 나오는 신문에 '한겨레저널 폐간운동'을 선동하는 전면광고를 냈다. 이는 『한인회보』의 임무가 무엇인지도 모르는 당시 한인회장의 무지와 총영사에게만 아부하면 평통위원쯤은 쉽게 딸 수 있다고 착각하는 단체장들의 발상에서 오는 일대 실수였다.

다음날 저녁 늦게 평소 총영사 부부의 부당한 처우에 부인이 격분하고 있다는 영사를 초청해서 술을 나눴다. 서로가 느긋하게 취하자 나는 우선 엊그제 조직된 교민들의 관제조직에 관해 어떻게 생각하느냐고 의중을 떠 봤다. 이분은 머뭇머뭇하더니 '자신의 말을 기사화하지 않는다.'는 약속을 받아내고 입을 열었다.

"저의 외교관 생활 20여 년에 공관장이 교민들을 군대식으로 조직하는 일은 처음 봤습니다. 아마 중남미나 아프리카의 조그마한 교민 사회가 그런 식으로 마음대로 됐나 본데 미국에선 그게 아니죠. 마이애미 거주 교민들은 양같이 순한 분들이니 가능했지만…."하고 얼버무리지 않은가.

여기서 '교민들이 양같이 순하다.'는 표현은 바꿔 말하면 이 고장에 똑똑한 인재가 없다는 뜻을 외교관답게 에둘러 표현한 것이리라.

얼마 후 이 공관장을 마음속으로 멸시하고 있는 부하 직원들이 화풀이로 폭로한 공금횡령 사건 등이 크게 보도된 『한겨레저널』을 서울의 외무부장관실이 읽게 되었고 감사팀의 신속한 현장 조사 끝에, 기사 내용을 확인, 이 공관장은 임기가 끝나기도 전에 보직이 없는 본부대사로 좌천되었다가 곧 은퇴하고 만다. 이분이 대부분의 외교관들처럼 조금만 온유하고 겸손한 성격이었다면 부하직원들의 존경을 받아가면서 영전도 승진도 무난하지 않았을까?

마이애미 항에 정박 중인 대형 유람선들

06

해상 이동호텔 호화유람선 취업 희망자들의 눈물

　마이애미 항은 전 세계 호화유람선(당시 3만~10만 톤급, 현재는 최대 22만 5천 톤급 = 17층, 객실 2천4백, 승객 5천4백 명 포함 수용인원 총 8천5백 명, 길이 360미터)의 모항으로 주말이면 평균 18~20척의 유람선(바다 위에 떠다니는 초호화 해상 이동 호텔)이 입항해서 관광객들을 내려주거나 마이애미 지역 관광을 마친 다음 새 관광객들을 더 태워 다시 떠나는 세계적인 관광 중심지다.
　한국인들의 근면성이 알려지면서 한국인 종업원(메니저, 바텐더, 웨이터, 벨맨, 도어맨, 셰프, 키친헬퍼, 룸클럭, 카지노딜러 등)을 고용하는 유람선이 많아 당시 한국인 종업원이 천여 명에 달했고 따라서 주말이면 항구에서 가까운 마이애미 시 중심가에는 이분들의 모습이 자주 눈에 띄었다. 유람선 종업원의 취업을 알선하는 한국인 인력공급업자도 4명에 달했다.
　약 30년 전 어느 날 아침, 신문사에 출근하는데 12명의 한국 청장년이 신문사 앞에서 나를 기다리고 있었다.

찾아온 이유를 물으니 너무 억울해서 신문사에 호소하러 왔다고 한다.

이분들의 분위기가 울분으로 가득 찬 표정 등으로 심상치 않음을 느낀 나는 우선 분위기 전환을 위해서 차 한 잔씩을 대접하며 차근차근 이분들의 호소에 귀를 기울였다.

다음은 이 중 대표격인 경기도 파주에서 왔다는 장년 한 분의 하소연이다. '유람선에 취직을 하면 월 최소 1천 달러(현재 약 3천 달러?) 이상 벌 수 있다는 말에 처자식은 형님 댁에 맡기고 집을 팔아서 5천 달러(현재 약 1만 5천 달러?)를 만들어 업자에게 줬다. 그 후 6개월 안에 취직 통고를 받으면 곧 미국 마이애미 항구의 직장에 나타나야 한다는 업자의 말을 철석같이 믿고 기다리기를 만 3년, 더 이상 믿을 수가 없어서 빚을 내어 비싼 여비를 마련해 무작정 현지에 와 보니 같은 처지의 피해자들이 백여 명이나 대기하고 있어 기가 찼다.

업자를 만나 항의했더니 적반하장격으로 좀 더 기다리면 통지가 갈 텐데 왜 미리 와서 속을 썩이냐고 핀잔을 주더란다. 그런데 구직희망자 중 뒤늦게 온 사람이 먼저 유람선에 취직하는 것을 알고 내용을 알아봤더니 입사가 1천 달러씩을 더 달라고 해서 순 사람들이었다. 애당초 업자의 말은 5천 달러로 6개월 안에 취직이 보장된다 해서 집까지 팔아 없앤 마당에 돈을 더 낼 능력도 없고 지금 식생활 해결 방도조차 막연한 처지에 이판사판이라고 생각한 피해자들이 국내까지 따져 수백 명인데 그중 대표 자격으로 오늘 12명이 이 자리에 같이 왔다.'는 것. 이분들 중 몇 분은 억울함을 못 참아 눈물을 흘리고 있었다.

당시 호화 유람선의 한국인 종업원 수가 많고 인력 공급업자들 4명의 돈벌이가 엄청나다고 들었지만 그 그늘에는 이렇게 억울하게 당하고 있는 분들이 많다는 사실은 금시초문이었다. 그만큼 나의 활동 무대와 마이애미 항구까지의 거리가 먼데다 특히 이분들이 마이애미 항에 들어왔다가 손님을 내려주고 태운 후 다음날이면 바로 떠나는 뜨내기 생활이었기에 그동안 이분들에게 관심이 가지 않았던 것이다.

인력공급 업자 중에는 제한된 취직자리임에도 곧 취직이 가능한 것처럼 속여 무작정 취업희망자들로부터 돈을 받은 후 무한정 방치하거나 악질 업자의 경우 취업 희망자들을 마이애미 남쪽 캐리비아에 있는 쿠라사오 섬, 푸에르토리코 등지까지 돈을 가지고 오게 한 다음 수금 후 취업 협의차 마이애미에 다녀온다면서 영원히 자취를 감춘, 피도 눈물도 없는 짓을 한 자도 있었다. 방향 감각도 없는 외지에서, 말도 안 통하고 가진 돈은 없고 이렇게 내팽개쳐진 분들의 고통과 절망감 그리고 울분을 어떻게 말로 표현하겠는가!

이렇게 인력 업자들 중에는 피해자 쪽에서 봤을 때 사기꾼보다 더한 악질적인 업자도 있었지만 그중에는 취직이 늦어져 불평하는 취업희망자들에게는 즉시 돈을 반환해 주어 전혀 불평을 듣지 않는 양심파도 한 분이 있었다.

이러한 취업희망자들을 울린 사건이 신문 1면 머리기사를 장식하자 제일 먼저 나를 찾아온 분은 미국 ABC-TV 기자였다. 동포 업자들의 추한 꼴을 미국 언론에 감춰주기보다는 수많은 피해자들을 양산하는 일을 막아야 한다는 생각에 미국 기자에게 이미 보도된 기사 내용과 실상 내용 전부를 알려줬다.

이 TV 방송은 다음날 연이틀에 걸쳐 한국인 악질 업자 관련 뉴스를 황금시간대에 대대적으로 터트렸다. 그 결과 미 수사기관이 동원되었고 탈세 혐의 등도 조사가 진행돼 업자 한 분은 일대 타격을 입을 수밖에 없었다.

인력 업자들은 미화 확보에 혈안이 되어 있던 당시 모국의 달러 획득에 크게 공헌하는 애국자였음에도 불구하고 많은 피해자들의 원한이 하늘을 찌르면서 차츰 불운의 길을 걷게 되었으며 그 후 국내 피해자들의 고발로 업자 중 한 분은 귀국 길에 수사당국에 검거돼 엄청난 돈을 쓴 끝에 길지 않은 동안이나마 감옥 생활을 할 수밖에 없었다고 전한다.

2013년 현재 세계 최대 호화 유람선 오아시스 오브 더 씨즈Oasis of the Seas(22만 5천 톤)호, 수용인원 총 8천5백 명.

07

'꼭 필요한 언론'과 '악질 언론' 등 두 모습의 신문사

평소 남에게 금전적인 피해를 입고 신문사에 호소해서 돈을 돌려받는 경우들이 알려지면서 동포에게 피해를 입은 이 고장 한인들 중에는 신문사를 한국의 경찰서 같은 곳으로 착각하리만큼 자기네 억울함을 신문사에 호소해 오는 경우가 잦았다.

하긴 미국의 수사기관이라는 곳이 한국처럼 단돈 백만 원(약 천 달러)의 피해액수라도 사기 고소가 들어오면 재깍 수사를 하는 게 아니라, 경찰력은 부족하고 고액의 사기사건은 넘쳐나는 바람에 피해액이 3백만 달러(약 33억 원) 이하인 사기사건은 아무리 눈물로 호소해도 수사관들이 거들떠보지도 않는 실정이 아닌가.

피해자의 처지에서는, 죽이고 싶도록 미운 가해자의 실명을 밝히며 기사를 쓰는 신문사라니 어느 정도 원한도 풀릴 수 있는데다 특히 피해자가 돈을 돌려받을 경우 아무런 대가를 요구하는 법도 없었으니 이 신문사야말로 부담 없이 의지할 수 있는 곳이

기도 했다.

그 당시 나는 가해자들에게 피해자에게 전액을 돌려줄 경우 기사를 안 쓴다는 조건을 내세웠기에 액수가 아주 크지 않은 가해자가 아니고는 대부분이 신문사의 권유를 따라줬던 것이다. 하긴 신문사가 피해자를 위해 돈을 받아주는 기관이 아니기에 이 고장 신문사 말고는 세계 어디에 가나 피해자의 돈을 받아주는 신문사가 있다는 소리는 들어 본 적이 없다. 우선 가해자 이름들이 가명으로 보도되는 언론들이라면 가해자들이 무엇 때문에 그런 언론을 두려워하겠는가?

더구나 나는 가해자가 신문사를 재정적으로 도와주고 있는 광고주라 해서 약자인 피해자 측에 서야 할 자세를 바꿔서 가해자 측에서 본 적이 없었기에 가해자들은 이 고장의 언론을 두려워할 수밖에 없었고, 따라서 기사가 보도된 후의 결과는 계속되던 광고가 가해자의 분노로 중단되는 경우가 계속되었음은 당연한 결과다.

당시 아내의 사업 번창과 정신적인 격려가 뒷받침되지 않았더라면 단 몇 달도 버티지 못할 신문사였으니 신문사 사장인 나야말로 사업에 관한한 바보 중에도 큰 바보였던 것이다.

어느 날 젊은 부부가 '사기 피해자'라면서 신문사에 찾아와 피해당한 내용을 호소하며 도움을 청했다. 피해자의 호소 내용을 요약하면 '우리 회사 부사장으로 들어오면 그에 따른 신분 해결책으로 미 영주권 해결과 생활급의 봉급을 지불해 준다.'는 사장의 달콤하고 솔깃한 약속을 믿고 가진 돈 전액(5만 달러=약 5천만 원)을 주었는데 첫 달만 봉급을 주고는 그 후부터는 사장이 완전히 모르쇠로 일관했다. (여기에 등장하는 사장님은 서울 명문대 출신으로 나와는 동갑이요, 지난 20여 년간 사적으로 나와 퍽 가까이 지내던 사이다.)

이건 아니다 싶어 뒷조사해 본 결과, 가족들의 꿈이었던 영주권 수속은 1년이 되도록 시작도 하지 않은 상태였다. 속았다고 생각한 피해자는 '내가 준 돈 도로 내놓아라, 없던 일로 하겠다.'고 했더니 '돈은 다 쓰고 없으니 내 배를 째라.'는 식으로 나온다. '이제 어린아이들 및 가족의 생계가 막막한데 이런 경우 신문사 말고 어디 호소할 데가 있냐? 제발 도와 달라.'는 것이었다.

나는 가해자인 친구에게 전화로, 사실을 확인 후에 돈을 돌려주면 기사는 안 쓸 테니 피해자의 어린아이들을 봐서라도 하루속히 피해자의 원한을 풀어 줄 수 없겠냐? 고 회유했으나 적반하장으로 화가 머리끝까지 오른 사장은 '당신 마음대로 해. 기사가 나가면 청부살인 업자를 3천 달러에 고용해서 한밤중에 쥐도 새도 모르게 마이애미 앞바다 물고기 밥으로 만들어 줄게. 각오해!' 하고 협박했다. 당시 들리는 소문에도 청부 살인은 3천 달러, 팔 또는 다리 하나 부러트리는 데는 천 달러가 청부업자들의 공식 가격이라 했다.

나는 사장에게 "기자가 이런 경우에 청부 살해를 당한다면 그 기자는 최고로 영광스런 순직을 하는 것이지. 그렇다면 기자가 그런 공갈협박을 두려워하겠어? 어쨌건 일이 원만히 해결되길 바란다."며 전화를 끊었다.

이러한 가해자의 자세로 보아 별 방법이 없을 듯해서 피해자에게 "돈 받기가 어렵겠는데 어쩌면 좋죠?"했더니 한숨을 크게 쉬면서 체념했다는 듯이 "어쩔 수 없군요. 이 고장에서 얼굴을 못 들고 다니게 그냥 기사나 써 주세요." 했다.

큼지막한 기사가 터지자 며칠 후 피해자로부터 전화가 왔다. "신문에 기사가 나가고 나서 며칠 후 사장이 돈 전액을 돌려주데요. 정말 감사합니다. 돈을 돌려줄 바에는 왜 기사는 나가게 하죠? 진짜 이해하기 힘든 사장님이네요." 했다.

그 후로도 나의 신상에는 별다른 피해가 없었으니 내가 단명 운을 타고나지는 않은 듯했다. 물론 애당초 각오했듯이 그 친구(사장님)는 그 후부터 나와는 거리가 멀어질 수밖에 없었다.

얼마 후 이번에는 어느 한국식품점의 젊은 엘리트 여사장이 신문사에 찾아와 도와달라고 호소한다. 내용은, 가게를 팔고 학업(대학원)을 계속하기 위해 뉴욕으로 이사 가려고 내일 아침에 떠날 비행기 표까지 모든 준비를 끝냈는데 막상 잔금 4천 달러(가게 전액은 3만 달러)를 오늘까지 준다 해 놓고 이제 와서는 가게 값이 너무 비싸서 못 주겠다고 버티니 어쩌면 좋으냐며 3만 달러에 판다는 계약서를 보여준다.

나는 내일 떠나야 할 가게 전 주인의 처지 등을 생각해서 즉시 상대방을 찾아갔다. "신문에 이러한 불미스런 내용이 터진다면 이 가게 사장님을 믿고 단골손님들이 계속 찾아오겠어요? 계약대로 깨끗이 잔금 4천 달러를 치르고 가게를 성실히 운영해서 4천 달러를 다시 벌어들일 것은 물론 앞으로 이 고장에서 많은 돈을 벌어 부자가 되길 바랍니다." 했더니 한참을 망설이다가 잔금을 치르면 기사는 안 나가는 것을 약속하겠냐고 묻는다.

이렇게 해서 전 주인은 무사히 뉴욕으로 이주, 학업을 계속해서 박사학위를 받고 국내 모교로 초빙돼 교수가 되었다. 이렇게 신문사를 통해 피해액을 전액 돌려받은 수많은 분들 중 서울 명문대 교수로 있는 이분만이 그 후 내게 식사 대접으로 인사를 했던 유일한 분으로 기억한다.

이 밖에도 억울한 피해자들을 도운 케이스들, 불법체류로 좌절하던 10여 명의 젊은이들에게 영주권을 받도록 알선, 희망을 준 케이스 등 그 수가 너무 많아서 내가 다 기억할 수 없을 정도다.

이렇게 해서 내가 발행인 겸 편집인으로 있던 신문사는 억울하게 당한 피해자들이나 정의파들로부터는 '어느 사회에서나 꼭 있어야 할 언론'이라는 칭찬을 듣는 반면 가해자나 부정비리 연루자 또는 그 측근 인사들로부터는 '있어서는 안 되는 악질 언론'이라는 악평을 동시에 들어야 했다.

앞길 쪽에는 차가 서 있고 뒤 바다 쪽에는 크고 작은 요트가 서 있는 '미국의 베니스'라는 별명을 가진 포트로더데일Fort Lauderdale(마이애미 북쪽 교외 도시)의 해변 마을의 모습. 주말에는 가족들이 요트를 몰고 대서양으로 나가 요트가 드문드문 보인다.

08

비판기사 썼다고 신변 뒷조사까지 당하고

어느 날 젊은 부부 한 쌍이 신문사에 찾아왔는데 남편의 한쪽 눈이 피가 번진 안대로 가려져 있고 얼굴 전체는 피멍투성이인데다 불편한 손놀림에 다리마저 절뚝거린다. 웬일이냐고 묻자 부인은 격앙된 목소리로 "세상에 사람을 어찌 이렇게 때려서 전신이 피멍투성이에 한쪽 눈까지 멀게 할 수가 있습니까? 억울해서 못 살겠습니다."며 통곡했다.

취재 결과, 외모가 육감적인 술집 마담을 가운데 두고 피해자인 이 남편과 가해자인 태권도 사범 등 삼각관계에서 빚어진 치정극의 폭력 피해자가 아닌가.

문제는 1대 1의 남자다운 결투가 아니라, 태권도 사범이라면서 비겁하게 동료 한 사람이 피해자 뒤에서 꼼짝 못하게 붙잡아 놓은 상태에서 30여 분간을 무방비 상태의 피해자 얼굴부터 가슴, 배 등 전신에 폭력을 가하다가 한쪽 눈을 강타해서 불구를 만든 것이다. 태권도 사범답지 않은 비굴한 폭력배의 짓이었다.

무도 유단자의 주먹을 무기로 간주하고 있는 미국법이라 가해자 측은 깜깜한 밤중에 아무도 없는 상가 건물 뒤쪽을 폭행 장소로 택하면 목격자가 없어 문제가 없을 줄 알았겠지만 다행히도 삼각관계의 한 축을 이룬 여성이 자신 때문에 이들의 언쟁이 격렬해짐에 신경이 쓰여 처음부터 이들의 뒤를 밟았던 것이다.

불과 50여 미터 거리에 숨어 시종 집단폭행사건을 목격하고 비겁하기 짝이 없는 가해자의 자세에 격분한 끝에 이 여인은 이번 사건의 증인이 되기를 결심한다.

더욱 놀란 것은 이 사건이 크게 보도되자 증인의 승용차가 계속 보복을 당했다는 사실이다. 한밤중에 차체가 길게 긁히면 다음 며칠 동안 수리하고 수리가 끝나면 또 긁히고, 이렇게 일곱 차례나 당한 것이다. 자기 때문에 일어난 사건이라 양심상 증언은 했지만 기사 때문에 벌어진 증인의 막대한 차체 복구를 위한 피해액을 알고 나는 두고두고 이 증인을 볼 면목이 없었다. 이분이 기사 취재에 응하지 않았더라면 이런 피해는 당하지 않았을 것을….

누구의 짓인지 100% 심증은 가지만 밤중에 무슨 일을 또 저지를지 겁이 나서 제지할 방법이 없었다고 한다.

이렇게 이 세상은 정의 편에 서 있는 사람들에게 지나치게 가혹한 경우가 너무도 허다하지 않은가.

사건 전모가 플로리다 전역에 생생하게 보도되면서 가해자는 이혼을 당해야 했고 결국 이 고장을 떠나 다른 주로 이사할 수밖에 없었다. 측근 인사 한 분은 '가해자를 보는 눈들이 너무 냉정함을 견딜 수 없어 떠났다.'고 했다.

몇 해 후, 평소에는 신문이 '정의감이 강한 드문 신문'이라며 박수를 치던 미모의 중년 부인(당시 동포사회의 여성 단체 리더로서 영향력이 막강했음.)이 갑자기 '이 신문 죽여!' 하며 50여 명의 여성 선후배 동료 회원들을 동원해서 마이애미 최남단 홈스테드에서 도시가 계속 연결된 팜비취 카운티(고속도로에서 차로 약 2시간 거리인 약 2백킬로미터)에 이르기까지의 남부플로리다 전역에 걸쳐 내가 이곳으로 이주한 이후(당시 약 20여 년간)의 금전 거래와 여성 편력에 관한 정보를 수집해서 동포사회에서 나를 매장시키겠다고 6개월간이나 전력을 다해 노력했으나 단 한 건의 결과가 안 나오자 결국에는 나에게 정중히 사과하는 기현상도 벌어졌다.

그런 일을 꿈에도 몰랐던 나는 이분의 정중한 사과를 받아들이면서 그간 신문의 적극적인 팬이었던 분이 어떻게 갑자기 등을 돌렸느냐고 묻자 이분은 난처한 표정을 지으면서 자기와 아주 친한 분이 저지른 불의가 신문에 크게 보도되면서 감정이 생겼다는 것이다.

내가 보도는 사람들의 실수는 당연히 보도돼야 하고 나나 나하고 친한 사람의 것은 보도돼서는 안 된다는 게 그분만의 생각이라면 얼마나 좋을까? 그러나 사실은 우리 동포들 중 상당수가 이분과 같은 의식수준이 아닐까?

이어 이 부인은 "한국 남성이라면 20여 년씩이나 한 고장에 살면서 돈이나 여자 문제에 자유로울 자가 있겠냐는 생각에 뒷조사를 해 봤는데 결과는 예상 밖이었어요. 그러나 '대어 대신 피라미'라고 이 고장의 다른 남성들의 스캔들만 빠짐없이 모두 낚았죠."

하면서 의미 있는 눈웃음을 지었다.

자신이 가해자나 불의·부정 사건의 장본인 또는 연루자일 경우, 미국 등 앞서가는 나라 국민들은 물론, 국내 동포들도 언론의 역할을 알기에 큰 덩어리인 언론 앞에 양심상 고개를 숙이는 반면 엘에이L.A.나 뉴욕, 시카고 같은 큰 도시 이외의 작은 재미 동포사회에서는 언론인들과 평소 잘 아는 좁은 사회라 앙심을 품고 보도기관에 보복할 생각을 한다는 것은 외부 세계에는 잘 알려지지 않은 사실일 것이다.

나와 가까운 친구의 부인은 어느 날 아내에게 "이곳 한인사회를 위해 누군가는 올바른 신문을 만들어야 한다는 것은 잘 알지만 우리와 친한 댁의 남편이 욕먹지 말고 다른 사람이 그 역할을 대신했으면 좋겠다."며 안타까워하더란다.

야자수(코코넛 나무) 뒤에 보이는 마이애미 다운타운

09

조국의 민주투사들을 강사로 초빙한 강연회

국내의 군사독재가 지속되면서 미국 거주 동포 중 모국의 민주화를 열망하던 이곳 동포 몇 분이, 모든 고초를 무릅쓰고 국내 민주화 운동의 험한 길을 걷고 있는 인사들을 초청, 현지 동포를 위한 강연회를 열기로 했음은 미국 내 다른 작은 도시의 한인사회에서는 보기 드문 일이었다.

신문 보도를 통해 현지 동지들이 알고 있는 사실은 동포들의 밀집지역인 LA·뉴욕·시카고·워싱턴디씨, 그리고 캐나다의 토론토 등지에서는 심심치 않게 국내의 민주화 운동 신봉자들이 초청돼 강연회를 열고 있었으나 그 밖의 지역은 그런 기회가 거의 없었다. 하긴 강사의 여비, 체재비 등 적지 않은 비용을 마련해야 하겠기에 동포 인구 5만 미만의 도시에서는 언뜻 생각하기가 쉽지 않았을 것이다.

마이애미 지역의 당시 동포 수는 불과 5천 명 미만이었음에도 의식수준이 올바른 꿋꿋한 동지들이 버티고 있어서 비용 갹출이 큰 문제가 되지 않았다. 물론 플로리다 내의 다른 도시에서는 당시 동포의 수가 많지 않아서였던지 그런 기회는 없었던 걸로 기억한다.

당시 제일 먼저 모셔 온 분은 '특권을 누리지 않는 보통 사람'을 '씨알'로 표현하면서 이승만 독재에서 박정희-전두환-노태우 등 군사독재에 이르기까지 비폭력 민주화 투쟁의 선봉에서 활약, 다섯 차례의 옥고를 치르며 두 차례나 노벨평화상 후보에 올랐던 '한국의 간디' 함석헌(1901~1989) 선생이다.

선생은 대한민국의 독립운동가, 언론인, 출판인, 기독교운동가, 시민사회운동가에, 광복 이후에는 비폭력 인권 운동을 전개한 민권운동가이자 언론인, 재야운동가이며 문필가였다.

언제나 흰 두루마기를 입고 긴 흰 수염을 바람에 날리며 전 세계의 공항에 내려 낯선 타민족의 눈길을 의식하지 않은 채 당당히 활보했던 애국자 함석헌 선생을 이 고장에 모셨던 일은 30년이 지난 지금에도 아름다운 추억거리로 남아 있다.

백발이 성성한 노인이 장시간 강연을 하는 게 안타까워서 사회자가 '의자에 앉아서 하시라'고 권했더니 카랑카랑한 목소리로 "늙은이가 서서 버텨야지 날보고 빨리 죽으라고?" 하며 2시간이 넘는 강연을 아무런 피로감도 없이 꼿꼿하게 서서 계속해 젊은이들을 무색케 했다.

이어 초청된 강사는 미국 기독교를 받들던 한경직 목사에 맞서 인도의 불교가 우리나라에 한국불교로 자리 잡았듯이 기독교도 이제 한국민족기독교가 되어야 한다고 주장하면서 기장(한국기독교장로회) 및 한신대(한국기독교신학대학교)를 창립하고 군사독재에 항거했던 김재준 목사(1901~1987, 당시 한국민주촉진국민연합 고문), 그 후부터는 한겨레저널사의 주최로 문익환 목사의 친동생 반독재투쟁의 선봉장 문동환 목사(1921~, 한신대 학장, 평민당수석부총재 역임), 천주교정의구현전국사제단을 이끌며 유신독재의 인권유린을 낱낱이 고발, 민주화 운동에 큰 힘을 보탰던 함세웅 신부(1942~, 현 민족문제연구소 이사장), 동아일보 편집국장 재직 시 독재정권에 맞서 싸우다 100여 명의 후배 기자들과 함께 쫓겨난 '한국언론의 사표'요 '해직기자의 대부' 송건호(1927~2001, 후에 한겨레신문을 창립, 초대 발행인 겸 편집인) 선생, '고통 받는 자를 외면하는 성전은 성전이 아니라 그냥 벽이라'고 가르친 예수님의 정신을 받들어 민족구원과 교회변혁을 목표로 안병무 박사 등이 개척한 향린교회(신자 5백이 넘으면 계속 분가를 원칙으로 하는 교회) 제2대 홍근수 목사(1937~2013, 교회를 민주헌법쟁취국민운동본부 산실로 제공), 그리고 한국목민선교회 회장으로 이익보다는 사명을, 영광보다는 진리를 택해서 복음의 사회참여를 강조하고 유신과 5공 목사들을 질타한 탓으로 2회나 구타 및 인행을 당한 고임시 목사(1933~2009) 등 생생한 우리 민족의 양심 새력들이었다.

특히 고 목사님은 박정희·전두환·노태우·김영삼 등 당대 권력자와 맞서 싸우다 투옥돼 재판정에서 거침없이 독재정권을 비판한 사건으로 유명한 분이다. 독재 정권을 직접 공격하는 것은 물론이고 독재 정권에 협력하는 성직자들에 대한 공격도 가차없었기에 명예훼손으로 유죄판결을 받은 사례도 있었으며 이러한 인권 중시 목회로 인해 한국인권문제연구소에서 주관하는 인권상 첫 번째 수상자가 되기도 했다.

이분은 옥고를 치르는 동안 혹시나 사모께서 석방운동을 할까 봐 자신을 비굴하게 하는 석방운동은 절대로 해서는 안 된다며 부인에게 재삼 당부했다고 전한다.

구약의 예언자처럼 고 목사님은 엄혹했던 유신 시절이나 유신 이후에도 초지일관 자기 시대의 예언자적 사명을 다했던 분이니 이분이야말로 '정의를 강물처럼 흐르게 하라(암5:24)'는 하나님의 뜻을 구현하고자 불의와 싸웠던 드문 성직자였다.

이분의 에피소드 하나를 공개하면 다음과 같다. 당시 쿠데타로 집권했기에 떳떳하지 못했던 정권은 바른말을 하는 성직자들을 체포하고 투옥하는 것이 국민들, 특히 신자들을 자극할까 봐 은근히 겁이 나서 되도록이면 체포 후에도 훈방 조치하려고 애를 썼다. 역시 당시 독재정권의 수사관은 고 목사님께도 소속 교단인 예장총회장 앞으로 석방 탄원서 형식의 각서만 써 주면 즉시 석방하겠다고 계속 종용했다.

이에 고 목사님은 "이 나쁜 놈들, 박정희의 쿠데타에 이은 독재로 죄지은 네놈들이 써야 할 각서를 날더러 쓰라니! 이 악마 같은 놈들!"하며 정권의 압력에 강력하게 대응했다.

고 목사님은 당시 각서를 쓸 수 없는 이유를 다음과 같이 명시했다.

1. 앞으로 정치문제를 거론 않고 복음만 전한다는 각서 내용은 지금까지 복음은 전하지 않고 정치문제만 거론했다고 자인하는 꼴이니 그럴 수 없다.

2. 무릎은 한 번 꿇으나 두 번 꿇으나 마찬가지니 무릎을 꿇을 수 없다.
3. 3백여 명의 학생들이 감옥에서 고생하고 있는데 정신적 지주가 되어야 할 목사가 혼자 나가는 것은 목자가 양 떼를 이리 가운데 버리고 도망하는 짓이다.
4. 내가 쓴 각서를 악용해서 '내가 개전의 정이 있어 풀어 주었다.'고 신문에 보도할 텐데 나를 위해 기도하는 성도들을 그렇게 실망시킬 수는 없다.
5. 공산당원들도 25년간이나 독방에서 감옥살이를 하면서도 각서 한 장을 안 쓰는데 목사가 4년도 못 되어 각서 쓰고 무릎 꿇는 것은 양심이 허락하지 않는다.

(고영근 저, 『옥중에서 희망을 노래하다』에서)

여기서 얼른 생각나는 분이 우리 한국인 교역자 중에도 꼭 한 분, 기독교의 노벨상(상금 100만 달러)이라 불리는 '템플턴'상을 받은 한경직(1902~2000, 서울 영락교회목사, 예장총회장 역임) 목사로, 수상 이유는 사회복지와 복음 전파, 남북 화해 등에 기여한 공로(1992)란다.

그런데 한 목사님은 광복 직후 공산당 압제가 두려워서 신의주교회 신자들을 모두 공산 이리 떼에 맡기고 신자들 몰래 월남한 데 이어 6·25 전쟁이 터지자 이번에도 서울 영락교회 신자들을 공산당에 맡기고 또다시 부산으로 몰래 피란했으며 수복 후 국군이 압록강 가까이까지 진군하면서 평양에서 설교하던 중 갑작스런 중공군의 인해전술로 다시 후퇴하게 되자 또 신자들 몰래 남으로 튀는 등 세 차례에 걸쳐 양 떼들을 팽개친 행동은, 3백여 명의 양 떼들을 이리 가운데 버리고 도망갈 수 없어서 장기간의 감옥 생활을 감수한 진정한 목자 고영근 목사님과 좋은 대조를 이룬다는 것이다.

거기에 한 목사님은 일제 때는 신사참배 등 친일행각, 광복 후에는 이승만 등 역대 독재 정권에도 아부의 극치를 이루어 박정희, 전두환 독재자 등의 청와대 구국기도회 등을 주도하는 비굴한 자세로 의식이 올바른 국민들의 경멸을 받았으며 뜻있는 기독교인들의 얼굴을 들지 못하게 하지 않았던가.

한 목사님이 평범한 교역자였다면 나의 눈에 들어오지 않았겠지만 대한민국에서는 유일하게 전 세계 목회자들의 꿈이라고 하는 템플턴상을 받아 세계적으로 유명해진 교역자라는 데서 그분의 비교역자적 자세가 하얀 옥에 검은 티처럼 눈에 확 띄는 것이다.

이 고장에 강사로 초빙되었던 위 분들은, 올바른 민족양심을 가진 사람들이라면 모두가 우리의 선신(先神)으로 받들어 존경해야 할 분들이다. 그 밖에 조국의 민주화 투쟁에 몸 바친 많은 분들과 함께 이분들이야말로, (아직 갈 길은 멀지만) 오늘날 우리가 그나마 이만큼의 자유와 민주주의라도 향유할 수 있게 만들어 준 고마운 분들이기 때문이다.

당시의 악랄했던 군사독재 정권은 국민들이 믿지 않을 것을 알았기에 이러한 거물급 민족양심 세력들에게만은 오늘날처럼 무조건 '종북'이나 '좌빨'로 낙인찍지를 못했으니 정권 유지를 위한 지능지수가 한 수 위였던 게 아닌가 한다.

10

한국전통문화 풍물놀이 '장승패' 창립

마이애미 지역 한인사회가 너무 작다 보니 동포 청소년들이 한데 어울릴 기회나 장소가 없어 상당수의 가정이 타민족 사위나 며느리를 보게 되면서 부모들은 은근히 속병을 앓았다.

당시만 해도 한인교회가 한두 개 정도인데다 대부분의 동포들이 교회에 나가지 않았기에 우리 청소년들이 어울릴 수 있는 상대는 타민족이 대부분이었다.

어쨌거나 딸들이 결혼 후 모두 마이애미 지역에 사는 어느 분의 경우 자식들이 결혼해면서 처음에야 딸과 함께 처가에 한두 번 들르다가 언어와 풍습 등의 차이를 이유로 차차 발길이 뜸해지고 얼마 안 가서 1년에 한 번 보기가 어려워지더란다.

특히 서양 며느리의 경우는 결혼 후 첫 번 다녀가고는 그 후 아들놈만 한두 번 오더니 그나마 차차 발길이 끊어져서 아버지가 전화로 호통을 쳤더니 며느리가 못 가게 한다며 볼멘소리를 하더라는 것이다.

며느리는 시부모와 언어 소통이 힘들어 죽어도 가기 싫은데 아들(남편)만 시댁에 가면 자기 입장이 난처해지니 아예 가지 말라고 한다는 말을 듣고 자식들을 국제결혼시키면 자식들을 완전히 빼앗긴다는 사실을 뼈저리게 느꼈다고 한다.

이분은 "그런데 자식들이 한국 사람 짝을 만날 기회가 없어서 막내가 또 국제결혼을 하게 되었어요. 동포들이 많은 LA나 뉴욕 같이 큰 도시에 정착했더라면 이렇게 되지는 않았을 텐데 후회스럽습니다. 혹시 한인회라도 아이들이 어울릴 수 있는 기회를 자주 만들어 주면 좋을 것을…."하며 자신의 처지를 비관했다.

듣고 보니 내 주변의 많은 청소년들이 그동안 자라서 어느새 짝을 찾을 나이들이 된 것이다. 그때만 해도 나는 아직 자식들이 어려서 심각하게 생각하지 못했던 일이다.

그 후 틈나는 대로 주변의 몇 분에게 한인 청소년들의 만남의 장소에 관해 의사를 타진했으나 그 뜻은 좋은데 비용 염출 문제 등이 쉽지 않다는 반응이었고 한인회 역시 한인회관이 있는 것도 아닌데다 그런 자리를 자주 마련해 줄 재원이 문제라며 난색을 표했다.

어렵게 길러놓은 자식인데 타민족의 며느리나 사위에게 자식을 완전히 빼앗기는 결과를 가져 오는 경우라면 민족차별주의자가 아니더라도 국제결혼은 단순하게 생각할 문제가 아니었다.

나는 청소년들이 흥미를 가지고 자주 어울릴 수 있는 방법은 LA나 뉴욕처럼 우리의 전통 풍물놀이패를 만들어 주말마다 연습을 시키는 일이라 생각하고 가까이 있는 청소년들에게 의사를 타진했더니 의외로 반응이 좋았다. 이 고장 한인 청소년들이 짝만

찾는 게 아니라 이왕이면 모국의 전통 문화도 전승한다는 생각이 호감을 주었을까?

나는 누구를 의지할 것이 아니라 큰돈도 아닌데 보람 있는 일 한번 해보자는 생각으로 사비 5천 달러(30년 전이었으니 현재 가치로 1만 달러~1만 5천 달러?)를 투입해서 서울 종로에 있는 풍물패용 악기점에서 20명 분 장비(꽹과리 · 징 · 장구 · 북 · 소고 · 고깔 · 옷 등) 일체를 구입해 왔다.

풍물패 이름은 우리의 단군 할아버지를 상징한다는 장승을 따서 '장승패'로 정하고 남녀 성별로 10명씩 20명의 중고등학교 학생들을 모집한 후 풍물을 지도할 선생이 없어서 또다시 사비로 서울에서 두 차례에 걸쳐 선생을 모셔와 학생들을 지도했으니 그 비용 또한 장비를 구입한 것 이상이 들게 되었다.

그 결과 장승패는 마이애미지역 한인사회는 물론, 플로리다의 다른 도시와 마이애미보다 한인 인구가 10배가 더 많던 조지아주의 애틀랜타(차로 12시간 거리, 당시 이곳에 풍물패가 없었음.) 까지 초빙돼 현지 한인회 행사를 빛내주는 실력을 갖추게 되었다.

한편으로는 아들이 같은 고등학교 백인 여학생과 사귀고 있음을 눈치 채고 국제결혼에서 오는 폐해를 틈나는 대로 알려 주는 데 전력을 다했다.

"너는 김치찌개에 푹 빠지는 녀석인데 김치찌개는 서양 요리처럼 조리법Recipe만 안다고 만들어지는 게 아니라 한국 여성의 손맛이 가미되어야만 가능한 것인데 국제결혼하면 누가 그걸 만들어 주겠냐? 지금 사귀는 아이와는 연애만 하고 결혼은 한국 여자와 하는 게 네 평생 후회하지 않을 것이다." 그러고서 한동안이 지난 후, 또다시 "국제결혼하면 아이가 엄마 쪽을 더 많이 닮는다. 할아버지 할머니가 서양 쪽 닮은 손자나 손녀를 더 많이 안아 줄까? 아니면 할아버지 할머니를 많이 닮은 아이를 더 많이 안아 줄까? 잘 생각해 보아라." 등을 계속 들려주었다. 이런 말을 할 적이면 아들이 고민을 하는 듯 표정이 한동안 어두워지곤 했다.

그러다 사귀던 여학생이 아들과는 정반대 쪽 먼 도시의 대학에 진학하게 되면서 차츰 거리가 멀어지게 되었고 얼마 후 '장승패' 소속 여학생에게 호감을 갖게 되었으니 부모로서 얼마나 다행스러운 일이었던가!

그 후 이 장승패 회원 중에서 세 쌍의 동포 부부가 탄생했고 그중에 나의 자식도 한 쌍을 이루었으니 많지 않은 돈이었지만 결과적으로 장승패에의 투자(?)는 실패작이 아니었던 것이다.

지금 와서 후회되는 일은 당시 청소년 풍물패만 만들 게 아니라 이 고장에서 뿌리를 내리고 살고 있는 청장년층 동포들도 함께 끼웠더라면 지금까지도 장승패가 건재하지 않았을까 하는 것이다. 중고등학교 때 훌륭한 장승패 회원으로 자라서 상당수가 다른 도시의 대학에 진학해 떠나갔고 또 이곳에서 대학에 갔더라도 역시 다른 곳에 직장을 갖게 되어 대부분의 장승패 출신들이 흩어지고 말았으니 '장승패'라는 이름은 이제 이 고장 동포사회의 역사에만 남게 되었다.

한 가지 여기서 짚고 넘어가야 할 것은 일제 강점기에 우리 말·글·성씨·얼까지 빼앗았던 일본 총독부가 한국의 풍물놀이패를 민족의식을 고취시키는 조직으로 알아 이를 폄하하고 우리 민족의식 말살을 목적으로 풍물놀이패를 농악대라 부르도록 가르쳤는데 아직도 이러한 내용을 모르는 일부 사람들은 풍물패를 '농악대'로 잘못 쓰고 있으니 이를 아는 일본인들이 얼마나 비웃겠는가? 한민족의 일원이라면 진짜 농사를 위해 농부들로 이뤄진 농악대 말고는 다시는 '농악대'라는 단어는 쓰지 말아야 할 것이다.

덧붙여서, '사물놀이'란 여러 사람이 모인 풍물놀이패가 아니라 글자 그대로 네 사람이 4물(꽹과리·징·장구·북 등 네 가지 악기)을 다루는 놀이를 말하는 것인데 많은 사람들이 풍물놀이와 사물놀이의 차이를 모르고 구분 없이 쓰고 있다는 점이 안타깝다.

미국의 베니스라는 별명을 가진 겨울이 없는 마이애미 교외 도시 포트로더데일 해변, 수만 명의 남녀 대학생들이 겨울방학 때 몰려와 낮에는 자고 밤에는 불야성을 이루어 낮에는 이렇게 한산하다.

11

김수환 추기경의 마이애미 방문을 환영하며

나는 이번(1992.3.20.편집자) 김수환 추기경의 첫 플로리다 동포 사회 방문을 충심으로 환영한다.

김수환 추기경을 아는 한국인이라면 그가 종교계의 지도자일 뿐만 아니라, 한국을 움직이는 가장 큰 영향력을 지닌 분이며, 군사독재에 대항하여 국민의 자유와 인권 신장을 위해 양심적인 발언을 서슴지 않음으로써 독재정권에는 가시와 같은 존재가 되었고, 지금도 한국의 양심세력의 대표적 인물로 존경을 받고 있는 분이라는 것을 잘 알고 있을 것이다.

돌이켜보건대 박정희 독재의 유신체제가 출범하면서 독재체제에 맹종하지 않는다 해서 야당 및 재야세력을 공공연히 탄압하는 정권을 국민들에게 공개적으로 고발해야겠다고 생각하고 최초로 저항을 표시한 분이 김 추기경이었다.

성탄전야 자정에 KBS-TV를 통해 전국 국민들에게 성탄축하 메시지를 보내는 기회를 이용하여 KBS 프로듀서가 보는 앞에서는 약속된 내용의 원고를 들고 마이크 앞에 섰다가, 막상 방송이 시작될 때 안 호주머니에 숨겨 놨던 진짜 메시지를 꺼내 박 정권의 인권유린 실상을 통쾌하게 고발했던 것이다.

그 결과 전 국민에게는 용기와 희망 그리고 신뢰를, 박 정권에게는 일대 타격을 가했던 일은 수많은 국민이 아직도 기억하고 있는 역사적 사건이다.

그 후로도 김 추기경은 끊임없이 한국의 민주화를 위해 투쟁하면서 사회정의를 위한 헌신이 곧 신앙생활의 연장임을 몸으로 보여주었다.

특히 정의구현전국사제단의 박종철 열사 고문사건의 폭로는 한국천주교의 조국민주화 투쟁의 하이라이트Highlight가 되었으며, 명동 성당은 민주화투쟁의 메카로서 민주투쟁의 상징적인 광장이 되었다.

그러나 근년에 이르러 한국천주교의 이와 같은 모습이 퇴색해 가고 있음을 보고 우리는 안타까움을 느끼지 않을 수 없다. 예를 들면 천주교 재단인 평화신문방송의 사주 측이 공권력을 불러들여 국민의 알 권리에 부응해야 한다고 주장하던 기자들을 무더기 연행시킨 후 해고하기에 이른 사건이 있다.

가까운 예로는 경찰이 조작한 듯한 냄새가 물씬 풍기는 소위 '강기훈 씨 유서대필사건'을 들 수 있으니, 천주교 측은 전민련간부들이 이에 관련되었다는 경찰 측의 주장만을 믿고, 성당에 은거하며 대책을 협의 중이던 간부들을 성당 밖으로 몰아내 국민들을 크게 실망시키고 말았던 것이다.

이런 사건에 대처하는 한국천주교의 모습은 분명 옛 모습과 다른 것이다. 나는 여기에서 한국천주교의 보수화 경향을 보는 듯하여 이에 참견하지 않을 수 없음을 유감스럽게 생각한다.

한국천주교의 최고기관인 주교회의에 임하면 김 추기경도 다른 주교와 마찬가지로 꼭 한 표밖에 행사할 수 없다고 한다. 따라서 20여 명의 주교가 한국천주교의 방향을 제시한다고 할 수 있겠는데, 문제는 이들 대부분이 교회의 현실참여에 대해서 보수적인 입장 쪽으로 기울어지고 있다는 사실이다.

나는 이러한 보수적인 주교들이 선한 사마리아인의 언행, 억눌린 자, 약한 자를 돕는 것이 바로 예수님의 가르침이라는 사실과, 한국천주교는 지학순 주교 이래 연행, 구금 등 갖가지 고초를 겪으면서도 그 신앙을 생활에 실천해 왔고 그 때문에 수많은 국민들이 천주교를 높이 평가해 왔다는 사실을 다시 한 번 깨달아야 한다는 점을 강조하고 싶다.

김수환 추기경은 한국이 아직도 선진민주국가에 도달하기에는 멀었다는 엄연한 사실을 누구보다도 잘 알 것이다. 그렇다면 한국천주교가 한국 민주화의 상징적인 존재로서 한시적으로나마 민주화의 적들과 싸워야 한다는 사명감을 잊어서는 안 될 것이다. 김 추기경은 한국 국민은 물론 해외동포들이 가지고 있는 천주교에 대한 바람이 무엇인지 주교들에게 정확히 인지시키고, 지도력을 발휘함으로써 국민들의 기대와 희망을 결단코 저버리지 않기를 바란다.

12

허리케인 재난 동포 구제활동

1992년 8월 24일 밤, 시속 280킬로미터의 허리케인 앤드루 Hurricane Andrew(미 역사상 5대 허리케인 중 하나)가 우리 동포 1천여 명이 사는 마이애미 교외 홈스테드 시City of Homestead(내가 사는 마을에서 약 60킬로미터 남쪽)와 사우스 마이애미 지역을 강타, 홈스테드 시내의 형태가 사라지는 무서운 결과를 가져왔다.

이로 인해 사망자 26, 파괴된 건물 8만 3천 동, 그에 따르는 이재민 25만 명, 홈스테드 공군기지의 완전 파괴로 인한 민간인 종업원 8천7백 명 전원 실직, 남부플로리다 전역의 장기간 정전 사태 발생, 현장 복구를 위한 연방군과 플로리다 주 방위군 등 2만 5천 명(2개 사단 병력) 긴급 투입 등의 기록을 세웠으나 다행히 우리 동포의 인명 피해는 없었다.

이곳 거주동포들의 피해라면 가옥 손실 2백여 채, 피해액 3천만 달러, 재난 피해 동포 수는 거주 동포 대부분인 1천여 명으로,

파괴된 가옥들은 홈스테드 시 전역과 마찬가지로 마치 전쟁 직후 폭격당한 폐허 같았다. 그중 파괴 가옥 재건을 위한 보험 혜택을 못 받는 동포는 20세대로 앞으로 이들의 거처 재건이 가장 큰 문제였다.

태풍이 핥고 지나간 다음날 아침부터 마이애미지역 한인회가 중심이 되어 섭씨 37~40도가 오르내리는 불볕에서 의지할 집도 없이 목이 말라 고통받는 동포들을 하나씩 찾아 마실 물과 쌀, 라면, 밥을 끓일 가스버너와 부탄가스, 몸을 식힐 얼음 덩어리, 끊긴 전력을 대신할 자가발전기, 부채, 응급 의약품, 비를 막을 합판, 타아르 페이퍼, 헌 옷, 내의, 어린이 우유, 기저귀, 부인 생리대, 화장지, 담요, 모기향 등 모든 생활필수품을 공급했다.

도영수 한인회장, 이하진 이사장, 정대용, 임춘호, 이영복, 최경수 등 대책위원들은 유학생 대표들의 도움을 받아 자신들의 사업처를 잊은 채 며칠간을 차로 왕복 두 시간 거리의 재난 동포 구제를 위해 하루에도 여러 차례 왕복을 강행했다.

하루 이틀이 지나면서 밝혀진 피해실태가 눈덩이처럼 불어나자 현지 한인회만의 힘으로는 역부족임을 실감하고 플로리다 한인 역사상 재난 동포 구제를 위한 최대 규모의 대책회의가 소집된다.

이 자리에는 플로리다 각 도시의 한인회를 중심으로, 총영사관, 현지 주재 상사지사, 종교단체, 사회단체, 취미단체, 각 대학 유학생회, 보도기관 등이 총망라되었다.

이렇게 전 동포들이 한데 뭉쳐 재해 대책에 임하게 되니 한결 일이 조직적이어서 능률이 배가됐다. 현지의 실상을 전 미국 동

허리케인 앤드루로 옛 자취가 없어진 홈스테드 시가지

포 언론에 신속히 알려 멀리 사는 동포들의 구호의 손길을 유도하는 일은 바로 현지 언론(한겨레저널)을 책임지고 있는 내 몫이었다. 바로 다음날부터 연거푸 세 차례의 호외를 발행, 전 미주 보도 기관에 현지 소식을 전했다.

그 신과 각 도시의 미주 『한국일보』, 뉴욕의 『세계일보』 등은 현시에서 보낸 기사를 1면 머리기사로 다뤄 많은 동포들의 마음을 움직였다.

비행기로 3시간 거리인 시카고지역 『한국일보』 등 여러 보도 기관이 벤추럭 Full-Size Van에 구호금품을 가득 싣고 사흘 만에 도착, 동포애를 과시했다.

또 이흥규 플로리다 한인회연합회장은 왕복 12시간을 운전, 자가발전기 한 대를 현지에 전달했으며 그 밖에 잭슨빌·게인즈빌·올랜도·템파 등 플로리다 지역 한인회장 및 상공인협회장,

세탁인협회장들도 왕복 8~12시간의 거리를 벤추럭에 구호금품들을 싣고 피해지역 현장에까지 와서 전달하는 등 끈끈한 동포애를 솔선수범했다.

나는 남부 플로리다 지역에 자주 닥치는 허리케인 때문에 차라리 다른 주로 이주할까도 생각해 봤으나 현지 기상청 발표에 따르면 남부 플로리다 특히 마이애미 지역의 경우 지난 1930년대 초, 1960년대 초, 그리고 1992년 등 계속 매 30년마다 큰 허리케인이 한 차례씩 지나간다는 통계를 발표했다.

해마다 캐리비안Caribbean 해역에서 평균 12개의 허리케인이 발생하는데 모두 마이애미 지역을 피해 가고 30년(모두 300여 개)에 그중 큰 바람 한 개가 마이애미 지역을 할퀸다는 말이니 좋은 소식이 아닐 수 없었다. 통계는 과학이라 했으니 앞으로 2020년까지는 마이애미 지역에서 사는 데 크게 염려할 필요는 없지 않은가.

13

흑인 민권투쟁 덕을 보는 미국 내 동포들
— 동양계가 인종차별을 덜 당하는 이유

이 아무개 씨는 대부분의 다른 동포 상인들처럼 흑인지역에서 가게를 운영하고 있다. 미국에는 흑인보다 백인 인구가 훨씬 많은데도 언어 소통에 자신이 없는 동포 대부분은 상품 하나 사는 데 꼬치꼬치 따져 묻느라 몇십 분씩 서툰 영어로 시달려야 하는 백인들을 피해 훨씬 단순한 흑인들을 상대로 사업을 하고 있는 것이다.

하루는 이 아무개 씨가 내게 와서 며칠 전 자기 가게에서 일어난 일을 들려주었는데, 나는 가끔 동포 상인들이 흔히 겪는 일이라 별로 놀라지 않았다.

이씨는 그날따라 손님이 많지 않아서 책을 보고 있는데 30대쯤 보이는 흑인 남자 손님이 들어오더란다. 그래서 일어나 이 손님의 시중을 드는데 상품을 거의 열 개를 보여줘도 살 생각은 안 하고 또 다른 상품을 보여 달라고 하기에 또다시 흑인 손님이 요구한 상품을 꺼내면서 저쪽에서 상품을 진열하고 있는 부인을 향해 "아침부터 재수 없게 깜둥이 새끼가 애먹이네." 하고 투덜댔더니 부인도 동의한다는 듯 남편을 바라보고 머리를 끄덕이며 웃는 순간, 흑인 손님이 또렷하고 부드러운 한국말로 "욕은 하지 마시고…." 하더란다.

그것도 화를 내지 않은 조용한 목소리로. 깜짝 놀란 가게 주인은 겸연쩍은 표정으로 "아니, 한국말을 아세요?" 했더니 이 흑인은 "그럼요. 흑인 학생들이 한국에서 얼마나 많이 공부하고 있는데요." 이 흑인 청년은 서울의 어느 대학 유학생이었던 것이다.

그 후 이 흑인 손님에게 친절을 다해서 상품은 팔았지만 그 후부터는 미안한 마음이 계속되면서 흑인 손님들을 대하는 자세가 많이 바뀌었다고 한다.

우리 한국인들이 미국에 와서 인종차별을 느낀다며 투덜댈 때면 그때마다 나는 그래도 미국은 다민족이 사는 나라라 인종차별이 한국보다는 훨씬 덜한 셈이라면서 오죽 심했으면 전 세계 어딜 가나 화교 상권이 형성되어 있는데 바로 가까운 나라라는 한국에서만 중국인들이 못 살고 쫓겨났을까?라며 한국 국민들의 인종차별이 어느 정도인지를 설명하곤 한다.

국내에서는 미국·유럽 계통의 백인들은 오히려 넘치는 대우를 받고 있지만 한국에서 밥벌이라도 하겠다며 노동을 하고 있는 필리핀·인도·태국·네팔·베트남 등 가난한 나라 사람들은 더욱 심한 차별과 수모를 당하고 있는 현실이란다.

미국에서 인종차별이 심해서 영구 귀국한 한인들이 과연 몇이나 될까? 현지에 적응을 못해서 귀국했다는 소리는 들었어도 '인종차별 때문에'라는 말은 여태껏 들어본 기억이 없다.

미국에 이주해서 살고 있는 한인동포들이 꼭 알아야 할 것은 흑인들이 수백 년 동안 민권투쟁을 해온 덕에 우리 아시안들이 이만큼이나마 차별을 덜 당하며 살고 있다는 사실이다.

그렇다면 '깜둥이새끼'라며 욕을 할 게 아니라 오히려 그들의 민권투쟁 덕을 톡톡히 보면서 그들 덕에 가게를 운영, 생활을 하고 있으니 그들에게 욕 대신 항상 감사의 정을 지녀야 하지 않을까?

지난 1950년대까지도 흑인들은 백인들이 가는 레스토랑과 화장실을 같이 쓸 수 없었고 버스마저도 저 뒤쪽에 쭈그리고 있어야만 하는 수모를 당해왔다. 우리 한인동포들이 미국에 대거 이주한 1970년대 이래 백인들이 쓰는 화장실이나 레스토랑, 버스 등을 같이 이용할 수 없었던 적이 있었던가?

흑인 민권운동가들이 이미 이러한 인종차별을 완전히 없앤 뒤였기에 눈에 안 보이는 차별은 있을망정 옛날 흑인들이 당했던 수모는 당하지 않고 살아가지 않은가.

좀 더 실감이 나도록 지난 오랜 세월을 흑인 지도자들이 펼쳐온 민권 운동 및 미국 내 흑인들의 역사를 간단히 살펴보자.

미국의 흑인을 말하는 아프리칸-아메리칸African-American은 먼 옛날 미국 원주민Native American들과 같이 거주했었으나 그 수는 많지 않았다고 한다. 그 후 서기 1619년 8월 20일(청교도들이 메이플라워호를 타고 영국에서 오기 16개월 전) 네덜란드 선적으로 가장한 영국 선박에 고용계약을 맺은 수많은 흑인들이 들어왔다. 하지만 오늘날의 대부분 아프리칸-아메리칸은 1860년경부터 노동계약이 아닌 노예로 끌려왔으며 이 수는 무려 1천3백여만 명에 이른다.

아프리칸-아메리칸은 그 후 4백 년이 흐르는 동안 피나는 민권투쟁 끝에 이제 오바마 대통령까지 탄생시켰으며 기타 정치 국방 법조 종교 교육 과학 예술 문학 스포츠 음악 연예계 등 여러 분야에서 활동하고 있다.

아시아계 이민(당시 대부분이 중국인)들이 북미주에 대량 이주한 1910년대부터는 이미 아프리칸-아메리칸의 끈질긴 투쟁으로 옛날 같은 인종차별을 훨씬 덜 받는 개선된 조건을 향유할 수 있었음을 우리 아시안은 알아야 한다.

그 밖에 흑인 지도층의 민권운동사를 보자. 노예 기간(1500~1865)에는 법적으로 노예는 인간이 아니라 재산이라고 명시했으며 북쪽의 미국인들 다수가 노예매매를 했다. 이에 가브리엘 프로서Gabriel Prosser, 덴마크 베시Denmark Vesey, 냇 터너Nat Turner 등이 반란을 일으켰으며 후레드릭 더글라스Frederick Douglass, 드레드 스캇Dred Scott, 해리엇 텁맨Harriet Tubman, 소저너 투르스Sojourner Truth 등이 법적으로 노예해방을 위해 투쟁했다.

남북전쟁(1861~1865)이 끝나고 노조가 승리함으로써 노예문제 등 여러 관련 문제들이 해결되어 가면서 드디어 링컨 대통령은 당시 동맹국(연합국) 내에 있는 노예들에게 해방선언(1863)을 하고 노예들의 자유를 선언하였으나 이 지역에 속하지 않는 주에서의 노예들은 아직 자유를 찾지 못했다.

1865년부터 5년간 정부는 노예주의Slavery 폐지, 흑인들에게 시민권 부여, 그리고 투표권까지 주자 이에 반발한 백인들은 1865

년 창립된 쿠 클럭스 클랜KKK, Ku Klux Klan 조직 등에 폭력으로 대항했으며, 1870년대에 짐 크라우법Jim Crow Law은 다시 미국 남부 내에서의 흑인불평등, 인종차별적 내용을 명시했다.

이에 자극받아 흑인 민권단체인 터스키기 연구원Tuskegee Institute(1881), 국립유색인종 진보연합The National Association for the Advancement of Colored People, NAACP(1930), 미 도시연맹The National Urban League(1911) 등 흑인 민권단체들이 속속 발족됐다.

대규모의 흑인 저항운동은 1955년 앨라배마 주, 몽고메리 시에서 버스에 탄 흑인 여성 로사 팍스Rosa Parks 씨가 흑인용의 뒷자리로 옮기지 않는 항거(범법)를 단행하면서 일어났다.

그 후 계속된 저항운동에 따라 1964년에 다시 흑인들이 시민권 획득을 명시한 시민권 법령The Civil Rights Act이 통과된 것은 자랑스러운 업적이다.

미국 흑인들은 이에 더 나아가 미국은 물론 전 세계에서 정치적, 경제적 평등을 요구하며 미국 내 각 분야에서 정치적 역량을 쌓아 온 노력의 열매로 토마스 브래들리, 콜맨 영, 이글랜 디킨스 등 대도시의 시장들을 비롯, 21세기에 들어서면서 현 오바마 대통령까지 탄생시키는 꿈을 이루고 말았다.

이 밖에도 실업문제, 교육, 주거, 의료보험, 알콜중독, 마약중독 등 흑인들의 문제 해결점을 찾는 등 노력은 계속되고 있다.

우리 귀에 익은 지난 흑인민권운동사에 길이 남을 인물들은 다음과 같다.

포월 목사Rev. Adam Clayton Powell, Jr — 할렘가에서의 저항운동에

앞장.

킹 목사Rev. Dr. Martin Luther King, Jr. − 민권운동에 가장 영향력을 발휘했던 인물로 무저항운동을 펴 1964년도 노벨평화상 수상, 1968년에 암살됨.

써굿 마샬Thurgood Marshall − 대법원에서 처음으로 임명된 흑인 대법관 (1967~1991)으로 국립유색인종진보연합을 위하여 법적으로 투쟁.

말콤X Malcolm x − 흑인 이슬람교 리더로 인종차별과 억압에 대항한 운동. 1965년 암살당함.

잭슨 목사Rev. Jesse Jackson − 아프리칸−아메리칸의 권익과 민권운동을 폈으며 1988년에는 민주당 대통령후보 지명에 거의 오를 뻔했다.

14

40년 기자 생활 중 두어 가지 실수를 뉘우치며…

1

　자기네 멤버가 아니면 한인회장이 될 수 없었던 마이애미 지역 '8인회'의 비민주적인 세상이 지나가고 누구나 이 고장의 한인회장이 될 수 있는 세상이 된 이후부터 한동안 한인회장 교체가 평화롭게 이루어지고 있었다.
　회장 임기가 끝나갈 무렵이면 현 회장과 전임 회장단 등이 모여 마땅한 분을 후보로 미리 추대하고 본인의 승낙을 거친 후 회장 단일 후보로 총회에서 투표를 통해 새 회장이 되는 것이 하나의 관례로 자리 잡아왔었던 이유는 그렇지 않고서는 회장 후보가 없어 임기가 끝나는 현직 회장단이 뒤늦게 당황하는 사태가 종종 일어났기 때문이었다.
　벌써 오랜 세월을 그러한 방식으로 후임 회장을 선출해 왔기에 언론도 자연스레 회장단이 추천한 후보를 적극 돕는 자세를 취했다.
　예년과 같이 한인회장단의 천거로 이미 A씨가 새 회장 단일후보로 결정된 지 두어 주가 지났는데 갑자기 B씨가 언론에 차기 한인회장이 되고 싶으니 밀어달라고 요청해 왔다. 나는 이미 후보가 결정이 났는데 B씨는 다음번에 후보로 나오면 어떻겠냐고 했더니 '이번에 꼭 후보로 나서야겠다.'며 초지일관하는 모습을 보였다.

이곳 한인사회가 민주화된 이래 지금까지 미리 후보가 결정되면 아무도 후보로 나서는 경우가 없었기에 B씨의 출현은 뜻밖이었다.

당시 한인회장도 'B씨가 전혀 후퇴할 기미가 안 보이니 복수후보가 되면 이제 선거를 치를 수밖에 없다.'면서 언짢은 표정을 지었다. 조용하던 한인사회가 선거판만 벌어지면 두 갈래로 갈라져 몇 년간은 서로가 앙숙으로 변하는 게 재미 동포사회의 선거 후유증이었으니 현 회장인들 어찌 고민하지 않았겠는가.

후보가 처음부터 복수로 난립할 때 제대로 된 언론사라면 다른 후보들과의 정강정책 내지 과거 경력, 공과를 놓고 자격 여부를 예리하게 검토, 비교해서 누가 가장 적임자인가를 식별해 정보 부족에서 오는 오판이 없도록 독자 내지 시청자들을 일깨워 주는 선도자 역할을 하는 게 당연하지만, 당시 나의 경우는 양 후보의 자질 검토 내지 당선 후의 포부 같은 것까지도 신경을 쓰지 못한 채 무작정 회장단이 추천한 A후보(여측)를 적극 밀어 주는 보도로 일관함으로써 B씨(야측) 측에서 볼 때 신문이 너무 편파적으로 기사를 다룬다고 느끼게 한 것이다.

그렇다고 당시 내가 B씨와 사적으로 감정이 있는 사이도 아니었고 더구나 A씨와도 가까운 사이가 아니었음에도 신문이 이 고장의 오랜 관례대로 평화로운 회장단 교체를 위해서라면 그 길이 옳다고 믿었다.

그러나 많은 세월이 흐른 오늘에 와서 냉정히 돌이켜보면 그 당시 나의 판단이 꼭 옳은 것만은 아니었다. 두 후보와 인터뷰를 해서 양쪽의 한인사회를 위한 계획, 포부 등을 알아내어 그중 양자택일을 해서 한쪽을 밀어 주는 올바른 언론의 역할을 하든지 아니면 언론 본연의 자세로 엄정 중립을 지켜서 양 후보를 균등하게 대했어야 옳았다는 점을 뒤늦게 깨달은 것이다.

몇 해 후 또 다른 두 후보가 선거를 치렀지만 이번에는 회장단이 추천한 여측 후보가 당선되었고 언론이 냉대했던 야측 C씨는 낙선의 쓴잔을 마셔야 했으니 이 점 이 자리를 통해 B씨와 C씨 및 그 지지자 여러분께 진심으로 사과를 드린다. C씨는 결과적으로 언론의 편파보도 때문에 낙선했다고 생각했을 것이고 따라서 언론의 비협조적 여건에서도 당당히 승리한 B씨에 비해서 언론을 향한 C씨의 분노는 훨씬 크지 않았겠는가.

한인회장 선거에 엄정중립을 지키지 못하고 편파보도로 B 당선자와 C 낙선자 그리고 두 분의 지지자 여러분에게 정신적으로 피해를 준 일 등은 오랜 세월이 흐른 지금에도 나의 기억 속에 생생히 남아 양심을 괴롭히고 있으니 그에 상응한 죗값을 치르고 있는 것이다.

2

30여 년 전, 『우리소식』을 발행하면서 한 가지 크게 실수한 오보 내용을 이번 기회에 고백해야 하겠다고 생각한 것은 나의 여생이 이제 얼마 남지 않았다는 자각 때문이다.

아직은 팔순 나이(79)에도 비타민 이외의 혈압, 당뇨, 콜레스테롤, 진통제 등 어느 약도 필요 없이 살고 있지만 조만간 나에게도 다른 노인들처럼 약을 쓰지 않을 수 없을 때가 오지 않겠는가. 특히 요즈음 노인층에 흔한 치매 현상이 언제 나타날지 모르는 게 현실이니 정신이 온전할 때 남길 말은 남겨 두어야 후회 없이 이 세상을 하직할 것이라는 생각에서다.

플로리다 전 지역의 동포들을 위해 열심히『우리소식』을 만들고 있을 때 갑자기 북쪽 어느 도시의 동포로부터 전화 제보가 있었다. "장사하는 아무개 청년이 돈이 궁해지자 동포 의사 한 분을 납치해서 협박 중 경찰에 체포되어 조사를 받고 있다. 피해자는 이번 일로 돈을 빼앗기거나 몸에 상처를 입지는 않았지만 정신적으로 타격이 크며 이로 인해 조그마한 동포사회가 발칵 뒤집혔는데 현장에 와서 취재해 줄 수 없느냐?"는 것이었다. 우선 내가 놀란 것은 이 분이 말한 가해자의 이름이 내가 잘 아는 고등학교 10여 년 후배인데다 평소 그런 짓을 할 사람이 아닌 것으로 믿어 왔기 때문이었다.

어쨌건 영세성을 면치 못했던 당시의『우리소식』은 현지 주재 기자도 없어 그 멀리(880킬로미터)까지 가서 현장 취재를 할 만큼의 시간 여유도 재정 능력도 없었기에 현장 취재는 어려운 일이라고 설명한 후 속보가 있으면 알려 달라면서 전화를 끊었다.

곧이어 사건을 확인하기 위해 제보자가 준 전화번호로 피해자와 대화를 세 차례 시도했으나 심적 충격 때문이었는지 전화를 전혀 받지 않았다.

조금 후 문제의 고등학교 후배로부터 전화가 왔다. "선배님, 지금 경찰서에서 잠깐 틈을 내어 전화를 드립니다. 혹시 제 사건을 들으셨는지 모르겠지만 제가 돈을 빼앗을 목적으로 동포 의사를 납치했다는 누명을 쓰고 있습니다. 실은 친구 사이라 돈을 빌리기 위해서 그분을 만나려고 한 것인데 누군가가 저를 납치범으로 신고한 것입니다. 만일 신문에 기사가 그런 식으로 나오면 저의 어린 자식들이 받는 충격은 뭐라고 표현할 수 없을 것입니다. 선배님, 제발 저의 아이들을 봐서라도 선처해 주세요."하며 펑펑 울었다.

결과적으로 거리가 많이 떨어진 현장까지는 못 가더라도 끈질기게 전화 취재라도 제대로 해서 사실을 보도했어야 하는데 평소 가까이 느끼던 후배의 울부짖음에만 정신이 팔려 피해자는 등한시하고 가해자가 주장하는 내용을 위주로 보도하는 어처구니없는 실수를 저지르다니… 지금 생각해 봐도 어떻게 그런 일이 일어났는지 스스로가 이해가 안 가는 실수를 저지른 것이다.

이런 돌이킬 수 없는 엄청난 실수를 하고서도 자신이 올바른 기자라고 얘기할 수 있을까? 더구나 사실과 반대되는 내용의 기사를 읽은 피해자와 그 지역 동포들의 실망에서 오는 울분은 무슨 말로 다 표현했겠는가?

그 후 나는 오랜 기자 생활 중에 있었던 가장 큰 이 오보 사건을 두고두고 후회하면서 마음속으로나마 당시의 피해자 가족에게 진심으로 사죄하며 살아가고 있다.

그 후 가해자는 징역형을 받아 피해자의 원한이 풀렸겠지만 형기를 마치고 나온 후, 그의 '울음 속의 속임수'에 빠져 동포사회에 못할 짓을 저지르고 만 나와는 마음속으로부터 소원한 관계가 될 수밖에 없었음은 당연한 결과였다.

당시 그 사건이 마이애미 지역에서 벌어졌다면 가해자가 나의 후배 아닌 친인척 관계였더라도 현장 취재 내용을 뒤집어서 쓸 수는 없었을 것이라 생각하지만 이미 엎질러진 물이니 지금 와서 무슨 변명을 하겠는가.

마이애미 지역에서 삼각관계로 빚어진, 미국 백인청년(M대 재학생)의 연적(동포 청년) 살해 사건 당사자(당시 만 21세의 M대 한인여학생)의 부친이 나의 고등학교 2년 후배요, 친형제 이상으로 가까이 지내던 사이였음에도 오직 기자의 사명감으로, 여학생과 그녀의 부친까지 실명을 밝혀가면서 현지 미국 신문에 보도된 기사와는 비교가 안 될 정도의 상세한 심층 보도를 한 결과, 그토록 가깝던 나와 후배의 사이가 멀어지고 만 사실은 앞의 납치미수 사건의 오보와는 좋은 대조를 이룬다 할 것이다.

당시의 피해자와 제보자가 오래전에 다른 주로 이사했다는 소문이 있었지만 지금 어디에 살고 있는지 안다면 지금이라도 찾아가, 그분들이 용서를 하든지 안 하든지 상관없이 진심으로 그 때의 잘못을 빌고 싶을 뿐이다.

이 오보 사건을 계기로 신문제작 내지 기사 취재 때는 '항상 약자 편에 서서 확인 또 확인' 그리고 '친자식이 사기를 쳤을 때도 제3자의 자세로 냉정하게 기사화해야 한다.'는 '철저한 기자 정신'을 다짐했으나 내가 유명을 달리하는 그날까지 나의 40년 기자 생활에서 가장 큰 얼룩으로 남는 이 오보 사건이야말로 두고두고 나를 부끄럽게 하는 '주홍글씨'가 되고 만 것이다.

15

플로리다한인회 연합회의 쿠데타

10여 년 전의 일이다. 플로리다 한인회 연합회(이하 연합회)의 상당수 회원들이 현 회장이 건재함에도 새로운 회장을 취임하게 하려는 상식 밖의 움직임이 이곳 동포 사회에 잡음을 일으켰다.

연합회는 플로리다 주의 각 지역 전, 현직 한인회장들의 친목 단체다. 연합회장이 누가 되는가는 나의 관심사항이 아니다. 다만 소위 한인회장을 시내 지도급 인사들의 모임이 동포사회에 이런 난맥상을 보인다면 그 이유는 분명히 조명되어야 하고 또 어느 쪽이 잘못인지를 가려야 한다는 것이다.

문제의 발단은 전년도 정기총회 석상에서 차기회장 선거 결과 아무개 회장이 최고 득점자로 당선됐으나 과반수가 못 된다 하여 다시 투표, 김 아무개 씨를 선출한 데서 비롯됐다.

그러나 연합회는 그 전 정기총회에서 '회장선거는 총회에서 추천하여 무기명 투표로 하되 최고 득점자로 한다.'고 정관을 개정했었다. 최고 득점자란 과반수와 관계없이 첫 투표에서 가장 많은 표를 얻은 사람임은 삼척동자도 아는 사실 아닌가.

나는 여기서 두 가지를 지적하고자 한다. 첫째, 선거에 임하면서 불과 10개월 전에 개정된 정관 내용을 회장, 사무총장, 이사장 등 전체 참석자 중 단 한 사람도 기억하지 못했다는 점이요, 둘째, 정관에 따라 김 아무개 씨를 당선시킨 두 번째 투표는 불법이었음이 밝혀졌음에도 불구하고 이 고장 플로리다 동포사회의 최고기관임을 자처하는 연합회원 중 상당수는 합법적으로 당선된 분이 자기와 친하지 않다는 이유로 정관마저 따르지 않으려는, 민주주의가 무엇인지도 모르는 작태를 노출시켰다는 점이다.

이것이 우리 연합회의 수준이었다는 생각에 이르자 혹시 타민족사회에서 알까 봐 창피해서 내 얼굴이 붉어짐을 어쩔 수 없었다.

정관이 마음에 안 든다면 정당한 수순을 밟아 차기총회에서 개정해 그 이후 새 정관의 규정을 따르되 당선된 분은 임기가 끝날 때까지 회장직을 수행해야 하는 것이 상식인 것이다.

자기 편한 대로 정관을 무시하고 자기네에 유리한 결과만을 주장한다면 어찌 이를 '법치'라 하겠는가? 미국법인인 연합회가 따라야 할 규법과는 거리가 먼 적당주의일 뿐이다. 이런 문제가 지역 한인회에서 불거졌다 하더라도 '그래서는 안 된다.'고 유권해석을 내리고 타일러야 할 처지에 있는 연합회가 아닌가?

특히 서 회장은, 법으로는 자신이 당선됐음이 분명한데도 불구하고 '연합회의 평화를 위해' 첫 번째 선거결과에 따른 자신의 회장 당선을 주장하지 않았고 너그러운 도량과 겸허한 자세로 뒤로 물러서서 두 차례의 임시총회를 열도록 양보한 끝에, 즉 세 차례의 총회 끝에 또다시 서 회장이 당선됐음을 당시의 많은 동포들은 눈여겨보고 있었다는 사실이다. 그 말은, 불행 중 다행히도 민주주의와 정의가 무엇인지를 아는 연합회원 수가 내 마음대로 하는 게 민주주의라고 착각하는 어리석은 회원들보다 많았다는 것을 의미한다.

이러한 창피한 연합회 쿠데타에 관련된 장본인들은 그 당시를 상기시켜 주는 이 글을 보고 오늘날 무엇을 느낄까? 아직도 자기네가 옳았다고 생각할까? 아니면 지난날을 돌이켜보고 '젊은 혈기에 정관까지 어겨가면서 쿠데타를 하다니 지금 생각하니 창피하군.' 하고 겸연쩍은 표정을 지을까?

이러한 창피한 선배들의 비민주적 작태를 거울삼아 전 현직 회장들의 모임다운 의젓한 플로리다한인회연합회의 모습이 지속되길 바라는 마음 간절하다.

16

사랑과는 먼 집단이기주의 교회

LA 거주 미혼 청년 두 사람이 마이애미에 사업차 왔다가 밤에 한식집에서 식사 겸 술을 마시게 되었다.
 그러자 텃세를 부리고 싶었던지 마이애미 지역 거주 청년들이 엘에이 청년들을 밖으로 불러냈다. 그중 약삭빠른 청년 하나는 재빨리 줄행랑을 쳤으나 고지식하고 양순한 나머지 A 총각(30)은 자기가 잘못한 게 없으니 별일이야 있겠느냐는 듯 고분고분 따라 나왔다.
 홀어머니와 동생들의 생활을 책임지고 있던 가장인 A 총각은 이들이 시키는 대로 식당 앞마당에 섰다. 곧이어 마이애미 지역의 B 청년은 친구들 3~4명과 함께 A 청년을 둘러싸고 시비를 건다. 원래 조용한 성격이었던 A 청년은 잔뜩 주눅이 든 채 별다른 대응을 하지 못하고 목을 아래로 숙이고 조용히 서 있었다.
 마이애미 청년들은 A 총각의 말이 없는 자세가 건방지게 보였던지 언성이 자꾸 높아졌고 B 청년이 '욱' 하는 성미에 "이 새X

죽여버려!"하며 가까이 세워 둔 자기 차에 가서 골프채를 들고 와서는 동료 청년들이 보는 가운데 조용히 서 있는 A 청년의 뒤통수를 두 차례 힘껏 내리쳤다.

A 청년은 그 자리에서 힘없이 쓰러져 의식을 잃었고 중환자실에서 30여 일간 산소마스크로 연명하다가 끝내 세상을 떴다.

이 깜짝 놀랄 소식을 듣고 엘에이에서 달려와 외동아들을 살려 보겠다며 그동안 병간호 등 있는 정성을 다 쏟았던 A 청년의 홀어머니와 여동생의 슬픔은 무슨 말로 다 표현할 수 있었을까?

마이애미 지역 한인사회 역사 이래 처음으로 발생한 동포청년이 동포청년을 타살한 사건의 중대성에 비추어 나는 이 사건을 1면 머리기사에서 3면 3단에 이르기까지 수차례에 걸쳐서, 초동수사에 임했던 경찰관을 통한 사건의 현장 실황, 중환자실의 피해자의 근황, 피해자의 사망, 가해자의 공판 내용 등을 성실히 보도해서 언론의 임무를 충실히 이행했다.

나는 경제적으로 어려움을 겪고 있다는 피해 청년의 유가족들을 돕기 위해서 이곳 동포들에게 수차례 신문사 자비로 만든 전면광고를 통해 보금에 참여해 줄 것을 호소, 약 한 달여에 걸쳐 현금 약 1만 1천 달러(현 화폐가치로 약 3만 달러?)를 모금, 당시 한인회 간부가 엘에이에 가는 길에 유가족에게 직접 전달함으로써 마이애미 동포들의 미안한 마음과 슬픔을 대신했다.

그런데 이 사건 관련 기사의 속보가 보도될 때마다 대부분의 독자층은 당연히 나가야 할 기사라 믿어 말이 없는데 예상 외로 유독 가해자와 그의 가족들이 소속된 교회 측 인사 몇 분이 나와 신문을 헐뜯는 모습을 보고 적지 않게 실망했다.

하루는 교회 중진 신자 한 분이 "왜 신문이 그런 것만 보도합니까? 이제 그 사건 좀 그만 쓸 수 없어요? 교인들이 아주 싫어합니다."하며 화를 냈다.

참다못해 나는 "기사는 오랜 기자 경력을 가진 편집자가 기사 가치에 따라 크게 또는 조그맣게 보도하는 것인데 왜 비전문인들이 그렇게 말이 많은지 이해가 안 됩니다. 교회를 불명예스럽게 할 필요는 없다는 생각에 예수 차원에서 기사 어디에도 가해자의 소속 교회를 밝힌 적이 없는데 교인들이 같은 교회 식구라고 감싸는 마음은 충분히 이해되지만, 왜 그 교회 분들만 그토록 말이 많죠? 그보다는 생활을 책임진 가장에다 아직 총각인 외아들을 영원히 못 보게 된 피해자 유가족의 서러움과 앞으로 닥칠 그분들의 생활고에 대해서는 크리스천들이 왜 생각이 미치지 못하는지 이해할 수 없군요. 유가족을 위한 모금 행위는 신문사보다는 오히려 교회의 몫이 아닌가요?" 했더니 지금까지의 험한 표정이 가시며 무섭게 고개를 끄덕였다. 그리고 나서 "그렇게 말하니 할 말이 없군요."하며 자리를 떴다.

인간이 하나님으로부터 받은 최고의 선물은 선과 악을 구분하는 양심이다. 공의公義(=정의)로운 하나님의 기본 형상이 도덕과 양심이라고 한다면 과연 내가 소속된 교회의 한 식구가 인간의 죄 중 가장 크다는 살인죄를 저지른 직후임에도 살인자 편에 서서 그를 비호하는 것은 공의나 사랑과는 거리가 먼 한낱 집단이 기주의에 다름 아니다.

그보다는 한 식구인 가해자를 올바른 길로 가도록 인도하는 한편 피해자 및 그 유가족들에게는 물심양면, 측은한 마음으로 도와주는 언행이야말로 공의를 제대로 알고 실천하는 양심 있는 크리스천다운 자세가 아닌가.

공의·정의·양심의 세계는 크리스천은 두말할 것도 없고 모든 인간이 똑같이 실천하고 행동해야 할 덕목이다. 요즈음은 '언론'의 이름을 빌려 자사 이익 추구에만 몰두한 나머지, 언론 본연의 자세인 사회정의구현은 까마득히 잊은 채 약자를 모르는 척하거나 짓누르고 강자의 눈치만 보는 자세로 일관하는 언론 아닌 사이비언론이 대다수를 이루는 슬픈 세상이 되었다.

하지만 원래 제대로 된 언론이란 올바른 양심으로 항상 약자 편에 서 있어야 하는 것이다. 물심양면의 수많은 난관을 무릅쓰고 올곧게 그 길을 꿋꿋이 가고 있는 많지 않은 언론인 및 언론매체들이 그나마 아직 건재하고 있음은 '그래도 아직은 이 세상이 살만하다.'고 느끼게 하는 요소 중 하나임이 분명하다. 인간의 역사를 보면 결국에는 정의의 세계가 도래하는데 다만 그 속도가 느릴 뿐이다.

17

목사님이 가짜박사 장사꾼이라니

1

벌써 20여 년 전의 일이다. 뉴욕의 어느 일간지가 발행하는 주간지에 전면기사로 '주경야독으로 세계 제1호 태권도교육학 박사 학위를 받은 아무개 관장'이라는 커다란 제목이 눈에 들어와 부제목을 보니 플로리다 중부 지역 도시의 태권도장 이름과 관장인 태권도 사범 이름이 눈에 들어온다. 학위를 준 학교는 '미국에서 가장 큰 3천 명 학생'을 확보하고 있는 플로리다 소재 신학교란다.

내가 처음 듣는 '태권도교육학 박사' 제1호가 플로리다에서 배출되다니! 충분히 기사 가치가 있었다. 그런데 그렇게 큰 신학교가 플로리다에 있다는 사실을 플로리다에 20여 년이나 거주해 온 기자가 아직도 모르고 있다니 창피하지 않은가.

더구나 얼른 이해가 안 가는 것은 신학교가 어떻게 '태권도교육학 박사' 학위를 줄 수 있느냐는 데에 이 기사 내용에 신빙성이 떨어졌다.

우선 플로리다에서 발행되는 동포신문이 모르는 내용이 뉴욕의 주간지에 보도된 사실을 부끄럽게 여기면서 나는 뉴욕으로 전화, 기사 소스(취재원)와 기사 내용 확인 여부, 이 기사가 나가게 된 경위 등을 자세히 물어 사전 취재를 했다.

놀랍게도 주간지의 담당 편집기자의 대답은 '신학대 부총장이라는 한국인 목사님이 직접 전화로 알려 와서 재미있다 싶어 다른 확인 없이 목사님 말씀만 믿고 썼다.'는 것. 다시 말하면 제보자가 목사님이라 의심 없이 그냥 흥미 위주로 기사를 다뤘다는 뜻이다. 그러면서 혹시 기사 내용이 잘못됐으면 취재 후 알려 달라고 했다.

당시만 해도 많은 동포 언론은 이렇게 무책임했다. 확인 절차 없이 기사는 '그랬다'고 보도하고 '아니면 말고'라니 언론치고는 무책임의 극치가 아닌가. 더구나 신학교가 태권도교육학박사 학위를 수여했다면 처음부터 색안경을 쓰고 들여다봤어야 하는 게 제대로 된 기자가 아닐까?

사즉 나의 생각은 이 기사의 내용이 과장 또는 허위기사 쪽으로 기울었다. 이 태권도장 관장 자신이 뉴욕에 거주한 사실이 없는데다 이 고장에 오래 살고 있는 터라 아는 사람이 거의 없는 뉴욕보다는 플로리다 소재 신문에 먼저 알리는 게 상식이라는 점, 신학교도 소재지가 플로리다라는데 플로리다 소재 동포신문을 기피하고 일부러 멀리 뉴욕 쪽 신문에만 알리고 플로리다 소재 동포신문에는 한 달이 지나도록 비밀에 부친 사실 등, 뭔가 자연스럽지가 않다 싶어 우선 기사 중에 학위를 수여한 그 학교(Coralridge Baptist University)를 알아보기 위해 학교 전화번호를 찾아 아침부터 저녁까지 여러 번 그것도 며칠간이나 연결을 시도했지만 번번이 사무직원인 듯한 여자의 목소리로 '전화번호와 이름을 남기면 리턴콜을 하겠다.'는 녹음테이프만 돌아갈 뿐이었다.

방학 중에도 일부 직원들이 자리를 지키는 게 미국 내 각급 학교들이 아닌가? 이걸로 나는 '태권도 사범 당사자가 가짜박사 학위 장사꾼 목사에게서 가짜학위를 샀고 또 부총장(?) 목사는 뉴욕 신문사를 속였음'을 직감했다.

더구나 신학대학에 태권도박사 논문을 심사할 교수가 있을 수 있느냐는 의문이 들면서 '역시 이건 아니다.'는 결론에 도달한 것이다.

곧 나는 플로리다 안에서 태권도장을 열고 있는 사범들의 모임이 자주 있음을 알기에 평소에 신뢰할 수 있는 고참급 태권도 관장 두 분께 연락, 가짜박사 여부 확인 작업에 들어갔다.

아니나 다를까, 이분들은 이구동성으로, 다른 태권도 사범 중에도 어느 한국인 목사님이 찾아와 '태권도 박사학위를 안 받겠냐? 5천 달러면 된다.'는 유혹을 받은 분들이 있었으나 가짜학위는 받아서 뭘 하냐고 생각, 거절했었다고 밝혔다.

더구나 이번 뉴욕 기사에 오른 자칭 '태권도 박사'는 평소 불성실한 언행 때문에 그분을 믿어 주는 동료 사범이 없다는 것, 박사학위를 따려면 공부, 논문 작성 때문에 몇 년간은 도장에 나올 수 없을 텐데 '단 1주일도 도장 근무를 쉰 적이 없다.'는 증언을 확보했다.

드디어 나는 4시간 동안 차를 몰고 예고 없이 이 가짜박사가 있는 태권도장을 찾았다. 나의 명함을 본 이분은 약간 당황하더니 잠깐 앉아 기다리면 커피를 사오겠다며 밖으로 나갔다. 그 사이에 얼른 일어나 벽에 걸린 학위증을 받고 촬영한 검은 가운 차림의 사진을 카메라에 담았다. 그 사진 밑에는 펜글씨로 '세계 최초 태권도 교육학박사 학위 취득, 1991. 6. 2.'라 쓰여 있었다.

나는 이분이 커피를 사들고 돌아와 자리에 앉자마자 학위논문을 보여줄 수 없냐고 했으나 이런저런 핑계로 응하지 않았다. 이어서 뉴욕주간지 기사에는 '태권도교육학 박사'라 했는데 맞느냐고 물었더니 그렇단다. 나는 그 대학교가 신학교라는데 태권도 박사가 웬 말이냐고 했더니 이번에는 '기독교 교육학'이라고 말을 바꿨다.

나는 이어 그 학교 건물이 어디 있느냐고 했더니 정확한 소재지를 대지 않고 자기는 학교까지 가지는 않고 주임교수님의 배려(?)로 야간에 그분 교회에서 공부했다고 둘러댔다.

다른 박사학위 수여자들은 평균 5~6년 짧아도 3~4년 학교에서 강의를 듣고 열심히 공부하고 논문을 작성해야 하는데 어떻게 단 1주일도 직장(도장)을 쉬지 않고 박사 학위를 딴다는 게 가능하냐? 고 하자 야간대학이니 가능했다고 주장했다.

이어서 학위 따는 데 든 비용 총계는 얼마나 되냐고 물었더니 한참 망설이다가 4~5천 달러 들어갔다고 한다. 나는 다른 사람들은 박사 학위를 따기 위해 최소 3년에서 6년 이상 사이에 최소 10여만 달러에서 30만 달러 이상이 드는 걸 아느냐고 했으나 묵묵부답이었다.

이어 담당 주임교수가 누구냐고 물었다. 모 한인교회 담임 목사로 있는 교역자 이 아무개 목사로 아주 자상하고 친절한 교수님이란다. 학장 이름을 묻자 역시 바로 그 목사님이란다. 총장은 누구냐고 하니까 총장님은 미국인 앤토니 팍스Anthony Fox 목사님, 부총장님이 이 목사님이고 이분이 학장도 주임교수도 겸하고 있단다.

결국 이 대학교는 목사 한 분이 부총장, 학장, 주임교수까지 다 맡고 있다는 얘기다. 미국에서 가장 크다(?)는 신학교가 이토록 어수룩할 수 있을까?

후에 취재 결과 총장 팍스 목사는 이름만 걸어 놓고 수입의 얼마씩을 이 목사로부터 받아 챙기는 역할, 즉 가짜박사 학위 장사꾼 목사의 들러리 역할이 전부였다.

나는 단도직입적으로 '왜 세상을 그렇게 사느냐? 훗날 자녀들이 자라서 우리 아버지가 5천 달러에 가짜박사 학위를 사서 뉴욕 주간신문에 진짜박사로 둔갑된 기사가 나간 사실을 안다면 아버지를 존경하겠느냐? 우리가 언젠가 세상 뜨는 날, 지나간 날들에 부끄러웠던 일이 되도록 없는 세상을 살아보자.'고 충고했다.

양심이 움직였던지 이분이 마지막 한 말은 "다시는 박사학위 보유자라는 말을 하지 않겠습니다."였다.

2

다음날 나는 플로리다 주 교육부에 연락해서 취재 중임을 밝히고 주정부에 등록된 이 신학대학교의 설립 때부터 현재까지의 임직원 및 학생 현황, 교육 내용 등을 복사해 주도록 요청해서 며칠 후부터 자료를 받아 검토 작업에 들어갔다.

주정부 담당자에 따르면 신학교는 신고제라 어느 교회나 정부

차원의 사전 조사 없이 창립이 가능하단다.

주정부가 보내준 자료 검토 작업은 이 대학교(?) 실질적 창립자인 이 아무개 목사가 최근까지 목회하던 서북부 플로리다의 소도시 소재 모 침례교회 신자인 교수님(진짜박사)의 적극적인 협조로 이뤄졌으며 이분의 도움으로 이 목사님의 정체는 송두리째 드러나기 시작했다.

이 목사가 대학 설립을 위해 주정부에 제출한 이 학교의 건물 사진은 이 목사가 목회를 했던 소도시 중에서 가장 큰 미국 침례교회 건물 전면(덕수궁 전면과 비슷한 백색 둥근 기둥으로 된) 사진을 도용했으며 학교 주소는 어처구니없게도 이 목사가 주중에만 생업으로 하고 있는 소도시의 구두수선소Shoe Repair Shop 주소였고 전화번호 역시 이 구두수선소 번호였다.

보고된 학생 총수는 대학교라고 하기에는 너무 초라한 24명(사실은 학생이 전혀 없었음), 더욱 웃기는 것은 부총장과 학장 란에는 이 목사의 이름이, 대학교 학무처장은 목사 사모의 이름이 들어가 있었다. 그 밖에 총장 이름 말고는 다른 교수진은 없었다. 드디어 가짜박사 학위 공장의 정체가 드러나고 만 것이다.

나의 취재 결과, 이 목사는 소속교가 지난 2년간 단 1주도 교회 설교를 거르지 않고 신학박사와 철학박사 학위를 한꺼번에 두 개씩 받은 천재(?)로 밝혀졌으며 이 일로 교회 신자 중 진짜 박사학위 보유자인 교수님(나의 취재를 도와 준 분) 등 두 분으로부터 목사님은 왜 그렇게 세상을 사느냐? 는 핀잔을 들어야 했다.

결국 이 목사는 자신이 가짜박사 학위를 받은 경험을 살려 그 아이디어로 가짜박사 학위 사업을 시작할 수 있었던 것이다.

이 가짜박사 학위 장사꾼 목사는 서울 일간지에 계속 '속성과 신학·철학 박사 학위 희망자' 모집 광고를 냈다. 박사 학위에 미친 목사들은 플로리다 현지에 와서 이 부총장 겸 학장 목사님(?)의 안내로 1주일간 강의 대신 플로리다 관광을 마친 다음 현금 5천 달러를 내고 이 가짜박사 학위 수여식(?)을 위해 가운을 입고 기념촬영 후 귀국하면 되는 것이다.

즉 주정부에 등록조차 안 되어 있는 '기독교교육학'은 물론 심지어는 태권도교육학까지 마음대로 가짜박사 학위를 팔아 온 것이다.

이러한 사실이 1면 머리기사로 보도되자 이 대학교 부총장님(?)이 플로리다 다른 지역에서 발행되는 동포신문의 전면 광고를 통해 '김현철 기자는 거짓말을 밥 먹듯 하는 악질 사기꾼 기자'라고 대서특필했다. 말하자면 내가 쓴 기사가 전부 거짓이니 믿지 말라는 뜻이다.

이 가짜박사 장사꾼인 이 목사는 그 후 남부플로리다 어느 교회 담임목사로 사역 중 다시 또 다른 가짜박사 장사 내용이 새로 불거져 신문에 보도되자 드디어 플로리다에서는 '거짓말쟁이 악질 사기꾼 기자(?)' 때문에 장사가 안 될 거라 판단했던지 엘에이로 이주하고 말았다.

이 사건이 보도될 당시 김찬국 연세대 연합신학대학원장(1927~2009, 목사, 뉴욕유니온 신대 신학박사)이 마이애미 지역에 왔다. 이분은 이 기사를 보고 '국내외의 박사 학위 소지 목사들 중 85%가 이렇게 만들어진 가짜들입니다. 그래서 저는 박사라는 말을 안 써요. 듣는 분들이 저마저 가짜로 보기가 십중팔구거든요.

목사면 됐지 왜 박사 명칭이 필요하죠?'라며 씁쓰레 웃었다.

남편이 대통령 후보로 나섰을 때 예비 대통령 영부인 이희호 여사가 미국에 오게 되었는데 오는 길에 이 신학대학교(?)에서 주는 명예박사 학위 수여식에 참석한다는 소식이 들렸다. 알고 보니 DJ의 야당 시절 경호원(텍사스의 정 아무개 태권도사범)으로 있던 분이 바로 이 가짜박사가 되어 이희호 여사를 꾄 것이다.

대통령 영부인이 될 분이니 이분에게 진짜인 양 속여 가짜명예박사 학위를 수여할 수 있도록 부총장(?) 목사님이 그 경호원에게 부탁했겠지? 영부인이 명예박사 학위를 받았다면 사업(?) 번창을 위해 최고의 광고 효과를 기대할 수 있다는 판단이었을까? 제자(?) 입장에서 보면 박사 학위(?)를 준 스승(?)의 부탁을 어찌 거절하겠는가.

아무것도 모르고 경호원 말만 믿던 이희호 여사는 뜬금없이 생판 모르는 나의 전화를 직접 받고 그 학교가 정상적인 학교가 아니라는 사실을 상세히 알려주었는데도 믿지 않는 듯해서 그간 보도된 기사 전부를 팩스로 보내줬으나 돌아온 대답은 "신학생이 3천 명이나 되는 미국에서도 가장 큰 신학교라는데 왜 사람을 모함해요?"하는 것이었다.

국내에서 광고를 보고 오는 목사님들이야 미리 가짜인 줄 알고 오니 문제될 게 없지만 예비 영부인의 경우는 진짜로 믿고 있는 터라 보여줄 학교 건물이 없어서 가짜박사 장사꾼 목사는 또 꾀를 냈다. '거리가 너무 머니 영부인 되실 분을 이곳 학교까지 오시게 할 수는 없다.'며 깍듯이 인사를 차리는 척하고는 본인이 현지까지 가짜명박 학위를 들고 날아가 이희호 여사가 묵고 있던 콜로라도 주 덴버의 힐튼호텔에서 학위 수여식(?)을 치렀다는 후문이다.

지금도 이희호 여사의 약력 중 수상·명예직 란에는 1997년 6월 '미국 Coralridge침례대학 종교교육학 명예박사학위'를 받은 내용이 뚜렷이 나와 있으니 같은 한국 사람으로 창피할 따름이다.

사기꾼인 가짜박사 장사꾼 목사님은 대한민국 대통령 영부인까지 속인 기쁨에 오늘도 행복감에 취해 있을까?

훗날 들리는 소문에는 이희호 여사를 속인 경호원이 청와대 경호관이 되자 국내의 어느 태권도 잡지에 '주경야독으로 미국의 태권도교육학 박사학위를 취득한 아무개 경호관'이라는 큰 제목의 기사가 실려 이 기사를 본 재미 태권도인들의 웃음거리가 되기도 했단다.

진정으로 DJ를 존경하고 받드는 분이 단 한 분이라도 곁에 있다면 지금이라도 전 영부인의 약력 중 이 '가짜 명박' 내용만은 삭제토록 권유할 수는 없을까? 외국인 중 만일 DJ 관련 전기를 쓸 경우 불거질 수밖에 없는 영부인의 가짜 명박 얘기가 세상에 알려진다면 이는 개인 이희호 여사가 아닌 대한민국 전체 이미지가 조롱거리가 된다는 사실을 왜 모를까?

18

언론을 모함한 교역자 이야기

10여 년 전 일이다. 평소 이 고장의 여러 교역자 중 내가 존경하는 분에게서 전화가 왔다. '조금 전 교역자협의회가 있었는데 10여 분이 모인 그 자리에서, 김 발행인이 다른 교회의 부흥회 소식은 3면에 조그맣게 실으면서 모 교회만은 돈을 받고 1면에 실어주는 특별대우를 하고 있다고 이 고장에서 가장 젊은 교역자 아무개(당시 32세)가 주장했다. 물론 나처럼 이 지역에 온 지 20여 년이나 된 교역자들은 김 발행인을 잘 알아서 그 말을 믿지 않았지만 새로 온 교역자들은 그 말을 믿고 고개를 끄덕이더라, 교역자 중 일부라도 이곳 신문이 그런 신문이라고 생각한다면 자연히 신자들에게 잘못 알려져 지금까지 지녀 온 청렴한 이미지로 남아 있는 신문에 악영향을 줄 텐데 어찌 생각하느냐?, 왜 그 교회의 조그마한 뉴스를 1면에 실어 그런 오해를 사는지 나도 이해가 안 된다.'고 했다.

이때 내 머리를 스친 것은 지난 호 신문 1면 하단에 1단으로 보도된 어느 교회 소식을 보고 아직 편집 경험이 많지 않은 후배 기자의 실수를 꾸짖었던 일이 생각났다. 그 사실을 이분께 해명했더니 "어쩐지 이상하더군요, 이제 알겠어요."라고 하면서 신문사 측에서는 이번 문제를 어떻게 처리할 생각이냐고 물었다.

나는 그에 대한 대답을 하기 전에 "목사님께서는 동료 교역자의 주장을 듣고 이를 확인하기 위해 저에게 '그 교회에서 돈을 받은 적이 있냐?'고 묻지를 않고, 김 발행인은 '그럴 사람이 아니라'는 확신을 가지고 그날 일어난 내용을 전해준 점에 진심으로 감사드린다."고 인사를 드렸다.

이어 이분께 앞으로 신문사가 해야 할 대책을 비롯해서 정중히 어려운 부탁말씀을 드렸다. "일단 그 교역자 분께 다음번 교역자 협의회에서 오늘 발설한 내용은 자신이 지어낸 말이라고 밝히고 그 점 사과한다는 약속을 한다면 신문사 측에서 그냥 없던 일로 처리하겠다. 그러나 만일 이러한 사과를 할 의사가 없다면 신문 및 기자의 결백성과 명예 실추 예방 차원에서 어떤 값을 치르더라도 법에 호소할 길밖에 없다. 문제는 그말이 나온 현장을 법정에서 증언할 '동료보다는 양심과 정의의 편을 택하는 교역자' 두 분이 필요한데 목사님을 그 둘 중 한 분으로 생각해도 되겠느냐?"고 여쭸다.

이분은 "정 아무도 증언을 할 분이 없다면 제보자인 자신이 증언대에 설 수밖에 없다, 그러나 가급적이면 그 지경까지 안 갔으면 좋겠다."고 했다. 쉽지 않은 결정을 해 준 이분께 심심한 사의를 표했다.

전화를 끊고 이어 제2의 증인을 찾기 위해 평소 가장 신뢰를 했던 다른 노목사님께 전화를 드렸다. 자초지종 나의 얘기를 듣더니 "그렇지 않아도 김 발행인께 그 사실을 알려드리려고 전화를 하려던 참이었죠. 오늘 그 교역자의 발언에 많이 놀랐어요. 김 발행인을 잘 몰라서 그랬겠지만 언론을 상대할 때는 보다 신중했어야 하는데 너무 경솔한 처신이었어요. 그러나 같은 교역자 입장에서 법정의 증언대에 선다는 것은 참 난처한 일이니 하루 동안 생각할 시간을 주세요." 했다. 나 역시 이분의 처지와 심경을 충분히 이해했다.

다음날 저녁 늦게 이 교역자님으로부터 전화가 왔다. "많이 생각해 봤습니다. 결론은, 없는 말로 많은 목회자 앞에서 공인을 헐뜯는 동료 교역자보다는 양심과 정의를 택하기로 했습니다."

두 증인 확보로 법적 대응이 가능해짐에 따라 즉시 나를 모함한 이 30대 초반의 교역자께 전화를 했다. 평소 자존심이 강하고 지나치게 교만해서 대선배 교역자들 사이에서도 호평을 못 받던 이분은 예상대로 '그런 사실이 없으니 신문사나 교역자협의회에 사과할 뜻은 전혀 없다는 것, 또 "그런 내용을 고소하려면 증인이 필요한데 법 좋아하시면 마음대로 하시죠."하고 조롱하는 인사로 대답을 대신했다.

'어느 교역자가 교역자 편에 서지 않고 기자 편에 서겠냐?'는 자만심이었으리라. 그때 나는 "내일까지 잘 생각해 보세요. 증인도 없이 법적 대응 운운하겠어요?"하면서 전화를 끊었다.

다음날 다시 전화를 드렸다. 예상대로 이분은 더 기고만장해져서 20여 년이나 연상인 나에게 "당신 마음대로 해봐!"하고 반말을 했다. 나는 전화를 끊고 '아마 중진 교인들에게는 기자가 아무 잘

못 없는 교역자를 거짓말을 조작해서 괴롭힌다.'고 했을 것이고 결과적으로 사건 내막을 잘 몰라서 교역자의 말만 믿은 그분들의 든든한 지지를 이끌어냈기에 저렇게 버르장머리 없이 당당하리라 생각했다.

다음 호 신문에 이분의 나를 모함했던 발언 내용이 크게 보도되자 이 교회의 집사급 신자 9명이 험악한 표정으로 신문사를 항의 방문했다. 유독 나와 안면이 없는 인솔자 말고는 모두가 나와는 평소에 잘 아는 분들이었다. 인솔자로 앞에 나선 집사님은 큰 녹음기를 켜서 들고 들어왔기에 나도 법적 문제에 대비해서 민첩하게 신문사 데스크 밑에 있는 소형 녹음기의 키를 눌렀지만 인솔자는 물론 아무도 이 광경을 못 본 듯했다.

이분들 중 다른 분들은 자기네 교역자를 기사로 괴롭히는(?) 나에게 항의하는 표정들을 지으면서도 거의가 질문이 없는 대신, 당시 교역자의 신뢰를 가장 많이 받고 있다는 인솔자만 나에게 질문을 계속했다.

그 요지는 "왜 없는 내용(?)을 기사화해서 신성한 교회와 목사님의 명예를 훼손하냐?" "신문사와 기자를 명예 훼손으로 고소하려는데 그래도 잘못을 사과하지 않겠냐?", "우리 목사님께서는 증인이 있다고 거짓말(?)했다는데 증인이 있으면 이름을 대야 하지 않겠냐?" 등이었다.

나는 있는 대로 사실을 당당히 밝히면서 귀 교회의 교역자님이 실수를 하게 된 경위는 신문의 편집 실수 때문임은 알겠으나 그렇다고 없는 사실을 조작해서 이 고장의 전 교역자 앞에서 언론의 위상을 실추시킨 점은 그냥 지나갈 일이 아니다.

다음번 교역자 모임에서 자신의 실수를 사과하는 선에서 해결하려 했으나 끝내 귀 교회 교역자님이 이를 받아들이지 않아서 하는 수 없이 사실 내용을 기사화함과 동시에 법적 대응이 필요하게 됐다는 점 등을 상세히 설명했다.

여기서 내가 느낀 것은 다른 분들은 대부분이 나의 해명을 듣고 이해를 하는 표정이었으나 인솔자만은 건성으로 현장녹음을 할 뿐, 나의 말에 전혀 귀를 기울이지 않는다는 사실이었다.

아니나 다를까? 며칠 후 다른 지역에서 나오는 신문에 나와 신문을 '사이비 기자 및 언론'으로 매도하는 이 교회의 전면 광고가 떴다.

이 광고 내용을 보면 인솔자가 질문한 내용은 그대로인데 내가 답변한 내용은 모두가 내 입에서 나온 적이 없는 말, 즉 내가 '교역자가 하지도 않은 말을 조작해서 보도한 것을 고백한 것처럼' 주장하고 있었다.

이 광고를 보고서야 교회 측 항의방문단이 신문사에 왔을 때 나도 녹음을 한다는 사실을 큰소리로 알렸더라면 감히 이런 장난을 못 쳤을 것을… 하고 후회했다.

이날 저녁 때 평소 나와 가까이 지내던 이 교회의 중진 신자 한 분(항의 방문단 중 한 분의 남편)이 전화를 걸어와 이 신문의 광고 내용 100%를 교역자가 작성해서 신문에 광고 의뢰를 한 사실을 귀띔해 주었다. 내가 녹음기를 켜 놓은 사실을 몰랐기에 자기네 마음대로 녹음 내용을 조작했겠지만 신문사 항의방문단에 끼어 있던 분들은 모두 이 광고 내용을 보고 내가 답변한 내용과 너무 많이 다른 점에 크게 놀란 듯했다.

하는 수없이 나는 교회 중진 신자들에게 이번 사건의 진실을 알리기 위해 내가 녹음한 내용 전부를 30여 개 카세트테이프에 복사, 당사자인 교역자를 비롯해서, 장로, 권사, 집사 등 이 교회의 주요 인사 전원에게 일제히 우송했다.

결과는 교역자의 거짓말과 거짓 광고에 실망한 교인들로 교회가 발칵 뒤집혔고 결국 교역자는 그 교회를 떠날 수밖에 없었다. 설교가 좋아서 다른 교회 신자들이 이 교회로 옮겨 온다는 능력 있는 목사라 했다. 거기에다 자신의 실수를 인정할 줄 아는 겸허한 자세까지 갖췄더라면 금상첨화가 아니었을까?

III 이질문화 사이의 갈등과 화해

01

죽음 후의 삶을 알면 보다 행복해진다

미국의 정신과 의사요, 심리학자인 레이먼드 무디Raymond Moody(1944~) 박사가, 죽었다가 살아난 100명의 사람들을 인터뷰한 연구서 『삶 이후의 삶Life after Life』, 또 미국의 20세기 세계적인 정신의학자이며 세계 최초로 죽음의 학Study of the Death을 개척한 엘리자베스 퀴블러로스Elizabeth Kubler-Ross(1926~2004)박사가 이77~ 년 연구영이 죽음 후의 세계를 밝히기 위해 오랫동안 전 세계의 임사體驗(뇌는 편死 = 죽었다 살아난) 체험자들 수백 명을 만나 그들이 어디를, 어떻게 다녀왔고 무엇을 보고 왔나를 집중 연구한 저서들에 따르면 그동안 철학자나 종교인들이 추측만 했던 죽음 후의 세계가 실재하고 있음이 명확하게 드러난다.

독실한 기독교인인 퀴블러로스 박사는 죽음 후의 세계를 연구 중, 저세상에서 만난 신적 존재(빛의 존재)가 조금 전에 이 세상에 살다가 죽어서 저세상에 간 사람들 모두에게 육신을 가지고 사는 동안 무슨 종교를 믿었느냐?는 등 종교 관련 질문은 전혀 없이 '이기주의적 자세로 살았느냐? 아니면 이타주의적인 자세(사랑, 베풂, 정의, 희생)로 살았느냐?'의 여부만을 집중적으로 묻는다는 사실을 확인하면서 '교회에서 안 가르쳐 준 내용'이라며 당황한다.

이 연구팀이 밝힌 내용 중 흥미로운 것은 임사 체험자가 신적 존재로부터 받은 가르침에 따라, 다시 살아난 후에는 전에 이 세상에서 살아온 방법이 잘못된 것임을 알고 하나같이 죽기 전의 생활과는 전혀 다른 생활을 하기 시작한다는 사실이다.

위 두 과학자의 저서들은 죽음은 존재하지 않는다는 것, 죽음이란 단지 이번 삶에서 낡은 몸을 버림으로써 고통과 고뇌 대신 축복과 평온이 있는 다른 존재로 변화해 가는 과정일 뿐이며, 동시에 이 세상의 모든 고통과 부조화는 몸과 함께 사라진다는 것, 저세상에서도 영원히 살아남을 단 한 가지는 오직 '사랑(베풂)'이라는 것, 그러므로 '지금' 서로 사랑해야 한다는 것.

결론으로, 인생이란 육신을 가진 이 세상뿐이 아니라 육신을 벗고 난 후 저세상에서 살아가는 인생까지를 통틀어 나의 인생으로 받아들임으로써 이 세상은 내 인생의 절반밖에 안 된다는 사실 등을 알게 된다.

그래서 이 저서들을 접한 사람들은 물질에 집착하는 정도가 전에 비해 많이 약해지고 평소에 아주 가까웠던 친지의 장례식에 가서도 예처럼 슬픔이 복받치는 경우가 없어지는 반면 겉으로는 유가족의 비위를 맞추기 위해 슬픈 척하면서도 속으로는 이제 세상을 뜬 망자가 느낄 진심어린 안락함과 평온함을 마음속 깊이 축하해 주는 위선자가 아닌 위선자가 되는 것이다.

미국의 초창기에 노예로 끌려온 흑인들의 후손들이 사는 미국 뉴올린스New Orleans 지역의 흑인 장례 행렬에 브라스밴드Brass Band 연주자들이 어깨를 좌우로 흔들어대고 신 나게 재즈Jazz를 연주하며 행진을 벌일 때 유가족과 조문객들은 이를 따라 덩실덩실 춤을 추며 그 뒤를 잇는 모습도 이제는 아주 합리적인 것으로 받아들이게끔 되는 것이다.

과학자들이 수많은 근사 체험자들을 인터뷰한 후 내린 공통 결론은, 근사 체험자들의 대부분은 죽은 직후, 바로 자신의 곁에 있던 의사나 간호사 등 다른 사람들로부터 자신이 죽었다는 말을, 말로는 표현할 수 없는 아름다움과 상쾌함을 느끼면서 아직은 살아 있는 귀로 듣는다는 것.(숨이 끊긴 후에도 귀만은 한동안 살아 있음)

또 평화스럽고 고요함을 느낀다는 것. 앞에 어두운 굴이 보인다는 것. 몸 밖으로 나가서 그 굴을 뚫고 밝은 새 세상으로 옮긴 후 자신보다 먼저 죽은 친지 등 영적 존재들을 만난다는 것.

그리고 지나온 자신의 삶을 영화를 보듯 돌아본다Panoramic life view는 것. 강이나 바다 같은 경계에 도달하고, '아직 지구상에서의 임원이 남아 있다.'는 빛의 존재(신적 존재)의 권유에 따라 너무도 평화롭고 아름다운 저세상을 떠나오기 싫으면서도 마침내 자신의 몸으로 다시 돌아온다는 것 등이다.

근사 체험자들이 다시 살아나서 먼저 느끼는 것은, 자신의 체험담을 얘기할 때 아무도 믿어주질 않아 좌절감을 느낀다는 사실이다. 그리고 자신의 미묘한 변화, 즉 무욕, 무집착, 무조건적 사랑 등이 일어난다는 것. 또 죽음에의 공포가 사라지며, 자신이 몸을 떠나 영혼이 몸 밖에 있을 때 목격한 사건 등을 기억하고 사후의 체험을 확인한다고 한다. 또 모든 지식을 지닌 분(빛의 존재)을 확인하고, 영혼이 몸을 떠났을 때 보았던 저세상의 휘황찬란한 도시와 초자연적인 힘의 구조를 확인한다는 사실이다.

근사 체험자들이 이 세상에 돌아와 어떤 삶을 살아가는지 과학자들의 연구 결과를 다시 살펴보자.

우선 자신이 심판받기 싫으면 남을 심판하지 않는다. 또 이 세상의 삶의 목적은 '다른 사람을 어떻게 사랑하는가'를 배우는 것임을 알고 사랑을 실천한다.

그러기에 어떤 일이 생기든 담담하게 순응하면서 대처한다. 만사에 우연이란 없고 반드시 일어날 만한 이유가 있어서 생기는 필연임을 알고 무슨 일에도 흥분하거나 노여워하지 않는다. 따라서 닥치는 일에 담긴 의미가 뭔지 생각하며 현명하게 대처해 나간다.

다즉일 일즉다多卽一 一卽多 즉, 만물이 하나요 하나가 만물이며 내가 우주요 우주가 나라는 진리를 알며 내가 모든 것이요, 전체가 나라는 사실, 사랑할 때는 대상이 있지만 내가 전체라는데 어디에 그 대상이 있을 수 있느냐며 그저 사랑 그것뿐이니 무조건 사랑만을 실천한다는 것 등이다.

또 근사 체험자들은 빛의 존재를 만나고 온 후 그분이 주입해 준 은덕으로 자신에게는 모든 것이 다 갖춰져 있다는 경지에 닿아 있다.

그리고 불교 화엄철학의 가르침처럼 과거와 현재, 미래가 직선상에서 흘러가는 게 아니라 한 평면에 함께 존재한다는 것을 믿는다는 것, 즉, 영원이 한순간이요, 한순간이 영원임을 믿고 살아간다. 사람들의 눈에는 잘 보이지 않겠지만 이렇게 일반인들은 따라갈 수 없는 경지의 삶을 살아가는 이들이야말로 이미 성자인 것이다.

이슬람 정신세계를 지배해 온 신비주의 종파인 수피즘Sufism의 지도자로 '죽음은 감미로운 것, 영원을 향한 여행'이라고 한 루미 Jalalud-din Muhmmad Rumi(1207~1273)는 지난날 계속된 자신의 죽음을 다음과 같은 시로 노래했는데 그 내용을 보면 8백여 년이 흐른 오늘날 진화론자들의 주장과 별 차이가 없음을 알 수 있고 이 시 중, 돌 - 꽃 - 짐승 - 사람 사이에, 시를 작성하기 위해 수많은 단계가 생략된 것임을 짐작할 수 있으며 새롭게 태어나는 다음 단계는 항상 업그레이드되어 우리 인생이 계속 영적으로 진화한다는 희망찬 메시지를 담고 있다.

나는 돌로 죽었다. 그리고 꽃이 되었다.
나는 꽃으로 죽었다. 그리고 짐승이 되었다.
나는 짐승으로 죽었다. 그리고 사람이 되었다.

그런데 왜 죽음을 두려워하나.
죽음을 통해서 내가 더 보잘 것 없는 것으로 변한 적이 있는가.
죽음이 나에게 나쁜 짓을 한 적이 있는가.

내가 사람으로 죽을 때 그다음에 내가 될 것은 한 줄기 빛이나 천사이리라.
그리고 그 후는 어떻게 될까.
그 후에 존재하는 건 신뿐이니 다른 모든 것은 사라진다.

나는 누구도 보지 못한, 누구도 듣지 못한 것이 되리라.
나는 별 속의 별이 되리라.
삶과 죽음을 비추는 별이 되리라.

이렇게 한 번 죽었다가 살아난 분들은 100% 사랑의 존재인 빛의 존재를 만나 완전한 가르침을 받고 이 세상으로 돌아오면 수행을 통해 1세기에 하나, 둘 정도만 배출된다는 성자와 같은 경지의 존재가 되어 베풂을 실천하며 살아가는 것이다.

아름다움과 힘의 상징인 돛단배 한 척이 미풍을 타고 푸른 바다로 나아갔다. 우리는 바닷가에 서서 바다와 하늘이 서로 맞닿는 수평선에서 그 배가 마침내 전혀 안 보일 때까지 바라보았다. 드디어 그 배는 점으로 변하더니 마침내 자취를 감추었다. 그 배는 떠나갔을 때의 돛대, 크기 모두 그대로 목적지까지 짐을 싣고 무사히 항해했다.

그 배의 크기가 작아진 것은 우리의 눈에 비친 결과이지 배 자체가 작아진 게 아니다. "이제 배가 사라졌다!"고 우리가 외치는 그 순간, "저기, 배가 나타났다!"고 저쪽에서는 기쁜 탄성을 올리고 있다. '이제 배가 사라졌다.'는 것이 이 세상을 떠난 사건이요, '저기, 배가 나타났다.'고 지르는 탄성은 저세상에서 벌어지는 새 생명의 탄생을 축복하는 소리다.

이 세상에서 가장 큰 수수께끼는 삶 그 자체가 아니라 세상을 떠나가는 사건이다. 세상을 떠나는 사건은 삶의 절정이자 마지막에 피는 가장 아름다운 꽃이다.

이 세상을 떠나는 순간을 향한 순례가 우리의 삶이다. 우리가 탄생하는 순간부터 세상을 떠나는 순간이 시작되는 것이다.

　인생은 불편함 속에서 울음으로 탄생하지만 떠날 때는 적어도 얼마만큼 우리의 목표를 이룬 가운데 위엄과 완전함을 지닌 채 갈 수 있다. 어디서 언제 세상을 하직하느냐가 중요한 게 아니라 우리가 이 세상을 떠나는 순간을 맞이한다는 사실과 어떻게 그 순간을 맞이하느냐가 중요한 것이다.

　하루 일을 마치고 집 안이 잘 정돈 된 문가에 서서 새벽부터 지금까지 자기의 역할을 마치고 서산 뒤로 유유히 자취를 감추는 웅장한 태양을 바라보는 인간의 평화롭고 여유로운 모습대로, 이렇게 자연스레 세상을 떠나가야 한다.

　우리 눈에 안 보이는 저곳에 우리보다 먼저 간 부모형제, 친척, 친지, 친구, 애인 등이 건재하고 있다는 사실은 20세기 말, 현대 정신의학에 의해 이미 밝혀진 내용이니 오늘 우리가 이 세상을 떠난다 해도 저곳에서 조금도 외로울 것이 없고 육신이 없으니 고통은 더더구나 없는 평화스럽고 아름다운 새 삶이 시작될 뿐이다.

　내가 어느 민족의 어떤 집안에 태어났더냐? 공부를 얼마나 했느냐? 어떤 종교를 믿었더냐? 돈은 얼마나 소유했었냐? 무슨 지위에 올랐었느냐? 등은 전혀 상관하지 않고 오로지 남을 위한 배려(사랑) 여부만을 따지는 저세상임을 안다면 우리가 지금까지 살아온 이기주의적 삶을 위해 남을 괴롭히고 피해를 주는 일만은 피해야 저곳에 간 후 큰 고통 없는 삶을 이어갈 수 있다는 것을 기억하며 살아가야 할 것이다.

　인도의 구루Guru(영적 지도자)가 남긴 시 한 편을 끝으로 이 글을 맺는다.

새 새끼가 알껍데기를 깨고 날아가듯이
우리도 몸이라는 껍데기를 벗어나 날아간다.
우리는 그것을 죽음이라고 부른다.
그러나 엄밀히 말하면
죽음은 겉모습(외형)의 변화일 뿐이란다

02

훌륭한 베트남 민족성

베트남(월남) 주둔 한국군이 한참 용맹을 떨치던 1967년 7월 어느 날, 나는 주월 한국군 사령부 채명신 사령관과의 단독 인터뷰를 마치고 보도실장 박 아무개 중령의 지붕 없는 지프차로 사이공 시내를 거쳐 숙소로 향하던 중이었다. 후덥지근한 무더운 날씨라 마냥 달리는 것이 시원했던지 우 긴뱡? 사이공 중심부의 신호등이 빨간불로 마악 있을 그냥 정식하고 달렸다.

바로 이때 교통정리대 앞에 있던 배 뭐 뭐 순경이 오느야 가늘 불었다. 그 순건 나는 주눅교 고급 장교 사가 신호등을 무시했다고 호루라기를 불어대는 경찰관이 이상해 보였다. 이런 경우 씩 웃고 말든지, 아니면 그냥 못 본 체하는 것이 내가 지금껏 국내에서 미군을 대하는 대한민국 경찰의 모습이 아니던가?

운전병 역시 주둔군 고급 장교의 차를 설마 저희들이 어떻게 하겠어? 하는 생각 탓인지 호루라기 소리를 못 들은 척 속도를 늦추지 않았다. 불과 2~3초나 지났을까, '탕' 하는 총소리가 났다.

나와 박 중령은 순간 예감이 이상해 약속이나 한 듯 동시에 뒤를 돌아보니 경찰관이 이쪽을 향해 달려오면서 총을 쏘고 있지 않은가! 사태가 심상치 않음을 직감한 박 중령은 즉시 차를 세우도록 명령했다. 그 경찰관이 달려와 영어로 아니꼽다는 표정을 지으며 하는 말이 "남의 나라에 왔으면 그 나라 국법을 지키시오. 아니면 법에 따라 처리하겠소."하는 게 아닌가.

아차 싶었던 박 중령이 곧이어 정중히 사과를 함으로써 이 경찰관의 관용(?)을 받아 사건은 일단락지었다. 경찰관이 돌아간 후 나는 시무룩한 표정의 박 중령에게 "허 참, 우리나라 같으면 상상도 못할 일인데 아니 주둔군 장교의 차에 발포를 하다니!" 했다. 박 중령도 "현지에 파견될 때 월남 사람들은 너무 오랫동안 프랑스 사람들에게 착취당해서인지 타민족에 대해 무척 배타적이라는 사실을 들었지만 이 정도인 줄은 몰랐습니다." 했다.

실은 내가 베트남으로 떠나기 전날 밤 광화문 네거리를 거닐다가 교통정리대 위에 올라 교통정리를 하고 있던 미모의 여순경 바로 앞에 미군 사병이 아예 지프차를 세워놓고 장난기 섞인 큰 소리로 "How much?(얼마면 돼요?)"하고 소리쳤고 여순경은 이 짓궂은 미군이 뭘 묻는 줄 알아차린 듯 피식 웃으면서 딴청을 하는 장면을 목격했었다.

동서남북으로 뚫린 대로에서 다른 차들은 이 지프차를 피해 가는데도 이 미군은 이를 완전히 무시하고 끈덕지게 그 여순경에게 "How Much."하면서 빨리 대답을 하지 않는 여순경을 바라보며 조롱하는 표정을 짓고 있었다. 족히 1~2분은 지나서야 미군은 짓궂게 웃으면서 그 자리를 뜨던 광경이 바로 어제 일처럼 연상됐다.

베트남 경찰이 신호를 무시하고 달린 주둔군 고급 장교 차를 향해 발포를 하는 모습과 이 얼마나 대조적인 장면인가? 베트남에서의 그 사건 이후 베트남인들을 대하는 내 자세는 과거의 업신여김에서 경외스러움으로 바뀌었다. 우리 한민족의 비굴한 사대주의 대신 꼿꼿하고 당당한 베트남인들의 민족의식을 발견했기 때문이다.

1967년 7월 사이공, 주월한국군사령관실에서 채 사령관(육군중장)과 단독 인터뷰를 하고 있는 저자.

03

기도의 효과가 없다?

우리 모두 약한 인간이기에 물에 빠진 사람 지푸라기라도 붙잡는 심정으로 기도를 하며 살아감은 예나 지금이나 다름이 없다.

더구나 종교인들의 경우, 기도 효과를 철저히 믿는 사람들이 많은 세상이다. 특히 기독교(천주교·개신교)인들의 경우 성경(마태8-19~20)에 '너희 중의 두 사람이 땅에서 합심하여 무엇이든지 구하면 하늘에 계신 내 아버지께서 그들을 위하여 이루게 하시리라'는 구절 때문인지 많은 기독교인들은 오늘도 열심히 기도를 바치고 살아간다.

그런데 과연 기도의 효과는 있는 것일까? 과학과 인지가 발달하고 과학자들이 모든 것을 연구, 발표하는 세상이 되다 보니 지구가 둥글다고 주장했다 해서 사형 판결을 한 옛 성직자들의 모습은 더 이상 볼 수 없게 된 지 오래되었고 추측만 가지고는 통하지 않는 합리적인 세상이 되었다.

템플턴재단John Templeton Foundation(종교계의 노벨상이라는 템플턴상을 주관하는 기독교 재단)은 지난 2006년에 미국 보스턴의 허버트 벤슨 박사Dr. Herbert Benson 등 과학자들에게 240만 달러(약 24억 원)를 연구비로 지원하면서 기도의 효과를 연구하도록 했다.

평소 독실한 기독교 신자인 이 연구 팀의 팀장 벤슨 박사는 언제 기회를 잡아서 기도의 힘이 얼마나 큰가를 전 세계 인류에게 알려야 한다는 생각 끝에 템플턴재단에 연구비를 요청하게 되었고 재단 측도 좋은 생각이라 믿어 연구비 전액을 대주기로 결정한 것이다.

이들 모두가 기도의 효과를 100% 믿어 이를 과학적으로 입증하는 데 큰 의미를 부여했고 또 그 결과를 기대했다.

과학자들은 여러 병원에 입원 중인 1,802명의 심장동맥 우회술을 받은 중환자들을 대상으로 그중 3분의 1 환자들에게는 수백 명의 기도자들이 환자 각자의 이름을 부르면서 수술이 성공하고 합병증이 없이 빨리 건강을 회복하기를 기도하고 있다는 사실을 알게 하고, 다른 3분의 1에게는 똑같은 방법으로 기도를 하지만 환자들은 전혀 그 사실을 모르게 비밀에 부쳤다. 마지막 남은 3분의 1 환자들을 위해서는 기도를 전혀 하지 않고 환자들도 누군가가 다른 환자들을 위해 기도한다는 사실조차도 전혀 비밀에 부쳤다.

그러나 이 연구 결과를 발표한 미국심장학회지(2006.4.)에는 완전히 예상을 뒤엎는 내용이 나타났다. 이 연구를 지휘했던 과학자들을 비롯한 수많은 기독교인들은 크게 실망할 수밖에 없었다. 자기들을 위해 기도를 하고 있다는 사실을 아는 환자들이나 모르는 환자들 등 세 집단에 속한 환자들의 그 후 결과가 전혀 차이가 없었기 때문이다.

그때 많은 신학자들이 이 연구진과 템플턴재단에 "왜 그런 연구를 해서 기도 효과를 의심하는 수많은 기독교인들을 비롯한 많은 사람들에게 기도할 필요가 없다는 생각을 갖게 하느냐?"고 항의하는 소동이 벌어진 것은 너무도 당연한 결과였다.

기독교는 그렇다 치고 불교를 창시한 붓다(석가모니 부처님)는 기도(염불)의 효과를 어떻게 생각했을까?

평생을 살아오면서 기도를 많이 해왔다는 부인 한 분이 붓다를 찾아가 기도를 하면 정말로 효과가 있는가요? 하고 물었다. 붓다는 그동안 기도를 많이 했다는데 기도 효과가 얼마나 되더냐? 고 반문했다. 부인은 어떤 건 기도 효과를 보았고 어떤 건 보지를 못했다고 대답했다.

붓다는 고개를 끄덕이면서 기도를 하지 않았을 때 바라는 일이 뜻대로 되는 것과 안 되는 것이 반반씩이듯이 기도를 해도 결과는 마찬가지로 내가 바라는 대로 되는 것과 안 되는 것이 반반씩이라고 대답했다.

불교의 기도는 신심을 강화할 목적으로 하는 것이지 우리 약한 인간들이 해 오듯 인간의 행불행을 놓고 기원하는 것이 아님을 잘 설명해 주는 어느 구루Guru(영적 지도자)의 기도문을 소개하면 다음과 같다. 아래 기도문 중의 '자유'는 우리가 흔히 말하는 자유가 아니라 인간의 모든 욕망과 인간적인 약점들을 극복한 해탈의 경지, 즉 대자유를 뜻한다.

위험을 피해 보려고 기도하게 하지 마옵시고
위험을 맞았을 때 두려움 없기를 기도하게 하소서.
제 고통이 위로받기를 애걸하게 하지 마옵시고
제 마음이 고통을 이길 수 있도록 기도하게 하소서.
두려움을 면하고자 열망하게 하지 마옵시고
자유를 얻는 그날까지 인내할 수 있도록 기도하게 하옵소서

04

'관광한국' 아직 멀었다

미국의 최대 뉴스 채널인 CNN이 운영하는 여행·문화 정보 사이트 CNNGo.com은 얼마 전, 한국에 처음 온 외국인들이 알아두어야 할 12가지 규칙을 제시했다.

한국에 처음 근무하는 날은 새벽 세 시까지 노래방에서 지내야 되고 근무 시간 이후 각종 파티나 회식에 초대받는데 강제(안 갈 수 없는 분위기라는 뜻일 것임)로 가야 하고 술은 물고기처럼 계속 받아 마셔야 한다는 내용이다. 그래야 한국인들과 어울릴 수 있다는 뜻이리라.

미국이나 유럽에서는 직장에서 퇴근 후 곧바로 집으로 돌아가 가족들과 시간을 보내는 게 정상이다. 한국처럼 했다가는 결혼 후 며칠 안에 이혼당할 각오를 해야 한다.

혹시 저녁때 어느 집 파티에 초청(반드시 부부 동반 초청임) 받게 되면 부부가 함께 참석하고 늦어도 밤 10시 이전에 집으로 돌아오는 것이 상식인 것이다.

골프도, 영화관도, 파티 참석도, 직장 일이 아닌 모든 사적인 집 밖의 행동은 항상 부부 동반이 정상이고 또 밤 10시 이후에는 밖에서 노래한다거나 술을 마신다는 등 행동은 상상도 못할 일이다. 물론 주말인 경우 부부만의 행동이라면 문제가 될 것이 없다.

미국에 이민 온 한국인 중에는 한국식으로 남자들끼리만 골프하고 저녁을 같이하고 이어서 술 마시고 해서 일요일 전부를 남편 혼자 밖에서 보내는 현실이 싫어서 이혼하는 경우가 허다한 실정이다.

남편은 미국 문화를 빨리 체득하지 못했는데 부인은 미국의 장점(?)을 빨리 받아들여 1주에 하루 쉬는 일요일까지 남편 꼴을 못 보는 세상은 싫다는 것이다. 뒤늦게야 이혼남은 후회하지만 때는 이미 늦은 것.

내가 이 규칙을 읽다가 왜 그건 빠졌지? 하고 느낀 것은 공중화장실에서 일을 본 후 화장지를 변기 속으로 버리면 안 되고 앞에 있는 쓰레기통에 버려야 한다는 것, 또 여성 청소부가 남성들이 소변을 보고 있는데도 남성 화장실에 들어오는 것을 보고 놀라서 말다툼 한 것 등이다.

외국인들이 한국 여행 중 가장 싫어하는 사실은 공중 화장실 변기에 지저분한 화장지를 버리지 않고 바로 코앞에 있는 쓰레기통에 버려 냄새가 진동한다는 사실이다. 이러한 내용을 알게 된 외국인은 X 냄새 나는 나라 한국에 다시는 올 생각이 없어진다는 사실을 한국인들만 모르고 있다.

내가 이해가 안 되는 사실은 정부 수립 후 60여 년간 중앙정부는 말할 것 없고 서울특별시를 비롯해 전국의 광역시 심지어는 지방 자치단체장 등 수많은 정부 고위직 및 중간층 공직자들이 미국 등 유럽에 유학 내지 견학을 다녀왔는데 왜 아직도 변기 속의 물에 완전히 녹아 없어지는 화장지를 만들어 전국의 각 화장실에 비치하지 못할까 하는 점이다.

언제까지 악취 덩어리를 코앞의 쓰레기통에 버려서 외국인들의 한국 재방문을 방해해야 하는 것일까?

물에 용해되지 않는 화장지를 변기에 넣다 보면 막힐 수밖에 없어서 선진국에서는 오래전부터 물에 완전히 녹아 물로 변하는 화장지를 쓰고 있다는 사실도 모른다면 그간 외국에 다녀온 공직자들이 수백억 달러의 국민의 혈세만 낭비했다는 것인가?

남자 화장실에 여성 청소부가 마음대로 드나드는 모습도 우리나라밖에는 없다는 사실도 웃어넘길 수 없는 일이다.

결론은 아직 대한민국은 '관광한국'을 외칠 때가 멀었다는 사실이다. 얼마나 더 시간이 흘러야 할까?

IV 언론은 시대의 어둠을 밝힌다

01

패망 직전의 조국을 살린 언론
― 영국을 살린 『데일리메일』신문

　세계 제1차대전 발발 이듬해인 1915년 5월 21일 영국의 『데일리메일Daily Mail』 신문은 「포탄의 비극」이라는 제목의 사설을 시작으로 최전선에 배치된 수많은 특파원들의 생생한 현지보도, 즉 독일군에 비해 포탄과 병기들이 너무 낡았을 뿐 아니라 영국·프랑스 연합군 사이에 연락이 제대로 되질 않아 아군은 연전연패의 고배를 마시고 있다고 전황을 상세히 분석해서 연일 대서특필한다.

　「스파이Aspath 대작의 영웅이라는 육군 장관 키치너Kitchener 원수 및 군부의 보도협조 요청을 받아들인 모든 신문은 일제히 『데일리메일』의 보도 태도를 매국노의 짓으로 공격하기 시작하고 독자들 대부분은 『데일리메일』 불매운동과 이 신문을 여기저기서 불태우는 운동을 벌이면서 이 신문 사장 노스클리프Northcliffe(1865~1922)를 죽이라고 고래고래 소리친다.

　그럴 수밖에 없는 것이 『데일리메일』 이외의 모든 신문은 연합군이 연전연승하고 있다고 정반대로 보도해 왔기 때문에 국민들은『데일리메일』이 거짓보도를 한다고 믿고 있었기 때문이다.

광고주도 모두 외면해버려 진실을 보도하고 있는『데일리메일』은 문 닫기 직전에 이른다. 이때 이 신문의 영업 책임자였던 노스클리프 사장의 동생 해롤드는 형의 편집 자세가 옳다는 사실을 알고 자신의 엄청난 재산을 진실과 국가와 민족을 위해 써야겠다고 결심, 신문의 재정을 100% 뒷받침해 사장이 마음 놓고 옳은 신문을 만들도록 격려한다.

시간이 흐르면서 수많은 사상자 발생으로 부상병들은 속속 고향으로 돌아왔고 이들의 증언을 통해 국민들은『데일리메일』의 보도만이 진실임을 알기 시작한다.

그 결과 아스퀴스 내각이 물러나고 로이드 조지Lloyd George 내각이 들어서면서『데일리메일』의 충고대로 병기개선, 증강 등 패전 요인들을 바로잡아 나갔고 드디어는 연합군의 승리를 장식한다.

한편 패전한 독일의 황제 카이저Kaiser는 '영국의『데일리메일』때문에 망했다.'고 원통해했다. 그토록 죽이라고 외치던 영국 국민들은 승전 후 '연합군의 승리는 노스클리프와 로이드 조지 내각의 덕분'이라고 찬양했다.

인기 전술에 능해 독자들, 광고주들, 정부 및 대기업 즉 강자들의 비위나 맞춰 좋은 게 좋은 거라는 자세로 곡필아세曲筆阿世하는 언론이 짧게 보면 수입도 많이 오르고 구독자 수도 많이 느는 것 같지만 결국 역사는 그 신문이 사이비 언론이었음을 입증하게 된다. 만난을 무릅쓰고 언론이 가야 할 길 즉 진실을 옹호하고 독자에게 알릴 의무를 다하며 항상 약자 편에 서서 꿋꿋하게 걸어가는 참다운 언론만이 긴 안목으로는 독자, 국가, 민족의 지지와 존경을 받는다는 좋은 예라 하겠다.

또 펜이 칼보다 강하다는 말도 바로 이런 경우를 두고 일컫는 것이다. 그래서 언론인들을 무관無冠의 제왕帝王이라고들 하지 않는가.

『데일리메일』이 정부에 반성할 자료를 주지 않고 다른 신문들처럼 군부 요청대로 진실을 은폐했더라면 영국과 프랑스는 끝내 독일군의 군화에 짓밟히고 말았을 것이다.

옳지 않은 정부의 요청을 뿌리치고 진실만을 보도해야 한다는 사명감으로 올바른 정론을 펴나가는 언론이 우리나라에는 과연 몇이나 될까? 언론인들의 양심에 묻고 싶은 질문이다.

1차세계대전 때 정부와 군의 압력에 맞서 언론의 정도를 걸어 영국을 살린 『데일리메일』 신문 사장 노스클리프

02

기자 감정 들어가야 하는 기사, 뉴저널리즘 시대

지난날 가짜박사 학위 장사꾼 목사 관련 기사가 크게 보도되자 어느 지식층 독자 한 분이 전화로 기사가 감정적이라며 언성을 높였다. 이분의 주장은 '미국 신문들처럼 기사란 사실을 객관적으로 냉정하게 보도하는데 그쳐야지 사실 보도 중에 기자의 감정이 스며든 듯한 표현은 안 된다.'는 것이다. 이때 내가 이분에게 해명한 내용을 여기에 옮기는 이유는 혹시 이분 아니라도 또 이분과 같은 생각을 하고 있는 분들이 있지 않을까 싶어 그분들의 이해에 다소나마 도움이 되길 바라서이다.

이분의 주장처럼 과연 미국 신문은 감정이 깃든 기사를 안 쓰는 것일까? 물론 자신이 미국 신문을 자세히 읽지 않으면서 자기의 발언에 힘을 실어주기 위해 미국 신문 독자인 양 처신했을 수도 있지만 이미 1960년대 초부터 기자의 느낌을 완전히 배제한 객관성 위주의 옛 보도 자세를 탈피, 오늘날의 기사란 보도·분석·픽션Fiction의 극화기법 등 세 기능을 모두 요구하는 뉴저널리즘 시대를 가고 있다는 사실을 알아야겠다.

보도의 기본적인 단위는 누가 · 언제 · 무엇을 · 어디서 · 왜 · 어떻게의 6하 원칙이 전부가 아니라 사건의 모든 장면과 대화의 전개가 이뤄짐으로써 더욱 많은 독자들의 이해를 극대화시키는 보도방식이 오늘날의 기사 작성법이라는 뜻이다.

한국의 언론학자 팽원순 박사(신문학)도 뉴저널리즘을 1) 기자가 직접 취재 대상인 사건에 참여해서, 2) 기자의 신념과 통찰력에 따라 숨겨진 진실을 파헤치고, 3) 지난날 작가들만의 것이었던 창조적인 소설의 기법까지 자유로이 구사해 진실을 실감 있게 독자들에게 전달하는, 지금까지의 공식을 벗어나는 보도 방식이라고 정의하고 있다.

독자들 중에는 각양각층이 있기에 같은 인간인 기자의 감정이 섞여 들어가야만 사건의 실체파악 내지 이해를 돕는 데 보탬이 된다고 주장하는 '서던 일리노이대' 언론학 제임스 머피 교수, '콜럼비아대' 데니스 교수, 탐 울프 교수 등 미국에서도 뉴저널리즘이 대세를 이루고 있는 실정이 아닌가.

이 기에 미 10대 신문의 하나인 『마이애미헤랄드Miami Herald』가 『한겨레저널』 창간을 알리는 기사를 보도한 예를 들겠다.

발행인(저자)이 『한겨레저널』 창간호를 읽고 있는 사진을 곁들인 이 기사에서 톰Geoffrey Tomb 기자는 '마이아미에 전 플로리다를 대상으로 전 세계 뉴스를 다루는 새 신문이 나왔다.'고 소개하면서 셋째 줄에 'Shudder(공포나 추위 등으로 몸이 떨린다는 뜻)'라는 기자의 감정이 섞인 단어를 사용했으며 이어 '다른 신문과는 달리 이 신문은 100%의 한인독자들에게 배포되면서 성장을 기대하고 있다.'고 쓴 다음 또다시 일곱 번째 줄에 'Quiver(역시 떨린다는 뜻)'라는 단어를 썼다.

위 두 단어를 의역하면 '놀랍다'는 정도가 되지 않을까? 이렇게 기자의 너스레를 가미해서 독자의 보다 가까운 이해를 이끌어내려는 제스처인 것이다.

흔히 미국의 신문들은 각 도시마다 독자적으로 발행되고 있어서 발행되는 도시 주변에만 배포되고 또 구독희망 독자들에게만 읽히는 게 정상인데, 한반도만 한 플로리다 전역에 더구나 전 동포들에게 배포된다는 사실이 미국서는 아주 드물다 해서 이를 강조하기 위해 위의 '떨린다'는 두 단어를 활용한 것이다.

위 두 단어는 옛날 방식의 기사에서는 찾아볼 수도, 그렇게 과장할 수도 없는 결코 사실보도에 쓰일 단어들이 아니다. 전 세계의 언론이 이미 50여 년 전부터 이와 같은 뉴저널리즘 시대에 돌입한 것이다.

당시 마이애미헤럴드에 소개된 『한겨레저널』 창간 기사로 글씨를 확대해 보면 셋째 줄과 일곱째 줄에 위에 말한 두 단어가 보인다.

03

부러운 미국의 언론 보호 판례
— '뉴욕타임스 대 설리번'

1960년 앨라배마 주 몽고메리 시Montgomery, Alabama에서 체포된 흑인민권운동가 마틴 루터 킹Martin Luther King Jr. 목사 석방운동에 따른 변호사 비용 모금을 위해 남부기독교 대표자 회의의 네 목사들은 『뉴욕타임스』 신문에 전면 모금광고를 냈다. 그 광고 중 몽고메리 시 경찰에 대한 허위 내용이 있다는 이유로 몽고메리 경찰 관련 시의원 설리번(원고)이 광고주인 네 목사들과 『뉴욕타임스』(피고) 신문을 상대로 명예훼손 소송을 제기한다.

4년 후인 1964년 미 연방대법원은 『뉴욕타임스』와 네 목사들(피고) 측의 손을 들어줌으로써 미국의 언론자유 역사에 길이 남을 판례를 남긴다.

미 연방대법원의 최종판결 요점은, 언론기관이 공직자Public Official에 대해 잘못된 보도Erroneous Report를 했다 하더라도 1) 보도는 공직자의 공적인 행동에 관한 것이라는 것. 2) 사실이 아닌 것을 사전에 알았으면서도 보도하는, 실질적인 악의Actual Malice가 있었다는 사실을 원고가 입증해야 하고, 원고는 또 사실 추구를 위해 언론계가 해야 할 정상적인 과정을 분별없이 무시했음을 입증해야 하는데도 명예훼손을 당한 원고가 피고인 언론사나 언론인의 악의 또는 절차가 분별없이 무시당한 사실을 증명하지 못했기에 손해배상을 받을 수 없다는 것이다.

이 판결 이후 공직자Public Official의 개념이 공인Public Figure으로 점차 확대되었으며 공직자가 아니라도 세상에 잘 알려진 연예인, 운동선수, 사회운동가 등도 공직자와 같은 부류에 포함시키게 됐다. 그 결과 공인들도 언론의 오보로 명예가 손상되었을 때 언론 측의 악의나 사실 추구를 분별없이 외면한 점을 증명하지 않고서는 승소할 수 없게 된 것이다.

하지만 유명한 공직자나 정치인의 부인이라고 할지라도 본인이 스스로 사회활동을 하지 않고 조용한 가정생활만을 해 왔다면 공인으로 취급될 수 없다는 판결이 나왔다. 또 본인 스스로의 의지가 아니라, 이웃이나 친구 때문에 또는 옛날의 문제로 미디어의 관심의 대상이 되어 유명해진 경우라도 완전한 공인으로 분류될 수 없다는 것이다.

일반적으로 명예훼손이 성립되려면 1) 잘못된 보도가 분명히 보도되었고, 2) 그 사람의 이름 등이 분명히 나타났고, 3) 그로 인해 그 사람의 명예나 이름에 손상이 있었고, 4) 그런 보도가 출판자의 태만 때문에 일어났어야 한다는 것이다.

공직자나 공인이 아닌 일반시민은 이상의 조건만 충족되면 대개 손해배상을 받을 수 있다. 하지만 앞의 예처럼 공직자와 공인의 경우는 조건이 까다롭다.

한편 지난 50년간의 판례 추세와 사생활보호법Privacy Protection Act 등은 개인의 사생활 권을 최대한 보호해 주어야 한다는 원칙을 보여주고 있다.

공직자나 공인이라도 그들의 공적인 임무나 공공의 행동과 관련되지 않는 일이나 행동에 대해 오보했을 때는 언론이 '뉴욕타임스 대 설리번' 판례대로 보호를 받을 수 없다는 말이다.

또 1980년의 사생활 보호법을 보면 정부기관들이 갖고 있는 개인에 대한 정보를 그 사람의 사전 승인 없이 유출하지 못하도록 규정하고 있다. 한편 이 법의 언론 관련 부분은 연방정부, 주정부, 지방정부 수사관들이 기자들의 노트나 필름, 테이프 등을 증거물로 찾기 위해 수색영장을 쓰는 대신, 자발적인 협조요청이나, 사전 통지된 법원 심문에 참석하도록 소환장을 내도록 규정하고 있다.

결론적으로, 미국언론은 수정헌법 제 1조의 철저한 보호 아래 공인의 공적인 활동 보도에는 거의 절대적인 권리를 향유하고 있는 것이다.

오죽하면 바람둥이 클린턴이 한참 르윈스키 일로 떠들썩할 때 어느 신문이 클린턴 자신도 모르는 이성 행각을 사실인 듯 오보를 냈는데도 표현의 자유 때문에 어차피 패소할 수밖에 없음을 알고 소송조차 제기하질 못했을까! 이게 민주국가의 공인인 것이다.

국내의 경우를 보면 헌법에 언론자유 조항을 명기해 놓고도 바른 소리 하는 사람들의 글의 내용이 힘이 있는 자들의 마음에 안 들면 공인이 대상인 경우마저도 이를 문제 삼아 그 내용의 근거를 글쓴이가 입증하도록 요구하는 경우가 허다해 언론, 표현의 자유를 위축시키는 결과를 가져 오고 있다. 미 연방대법원에서 이 판례가 나온 지 어언 50년이 흐른 오늘, 과연 국내에서 '뉴욕타임스 대 설리번'과 같은 소송사건이 있다면 미국과 같은 결과를 가져 오겠는가? 이는 집권자의 눈치를 보고 또는 유전무죄 무전유죄라는 상식 밖의 단어를 만들어낸 국내의 일부 법관, 검찰, 경찰 관련 인사들의 양심에 묻고 싶은 질문이다.

04

언론의 첫째 사명은 사실 기록

언론인의 첫째 사명은 사실을 기록하는 것이다. 대한민국은 좁은 땅덩이여서 그런지, 모든 것이 혈연, 지연, 학연의 인간관계의 굴레를 벗어나지 못하는 나라다.

그래서 자연히 언론이 있으면서도 그런 굴레 때문에 진실을 밝히지 못하고 미화하고 왜곡하고 거짓말을 일삼기에 급급했던 것이 바로 한국 언론의 부끄러운 역사가 아닌가. 물론 독재 체제하에서 입에 재갈이 물렸던 상황에서는 말할 것도 없을 것이다.

'사실기록'이 얼마나 어려운 것인가는 누구보다도 언론을 발행 또는 주관하는 당사자들이 잘 알고 있다. 자기의 혈육이나 친척, 친구, 심지어는 자기가 존경하는 성직자까지도 그들이 부당한 행위로 공공사회에 물의를 일으킨 경우 그런 사실을 기사화해서 만인의 경계를 삼도록 하는 일이 언론인의 사명이다. 그러나 과연 우리 언론인들이 그렇게 하고 있는가?

대통령과 친하다는 이유로, 어느 검찰 총장이 자기 선배라는 이유로 언론인이 그들의 잘못을 지적하지 않고 넘어간다면 그 사회는 어떻게 되겠는가. 대통령의 아들이라고 해서 언론이 봐주고 넘어간 그 후유증을 생각해 보자. 지금 우리 조국의 정치, 사회가 어지러운 것은 모두가 언론이 자기 역할에 충실하지 못했기 때문이었음을 부인할 자가 있을까?

3류 잡지에서도 볼 수 없는 형편없는 내용

언론의 사실 보도는 이처럼 중요한 것이다. 10여 년 전 나는 중부 플로리다에서 발행되는 『주간 플로리다』를 입수, 나의 과거 언론보도 행위를 문제 삼은 기사내용을 읽은 적이 있다.

참으로 낯 뜨거움을 느끼지 않을 수 없었다. 도대체 그런 글을 실어 발간한 현 아무개라는 사람은 어떤 사람인가 만나보고 싶었다. 무책임하게 비아냥거린 칼럼은 누가 쓴 것인지 이름조차 없고, 비판적인 글이라기보다는 3류 잡지에서조차도 찾아볼 수 없는 형편없는 저질 내용이었다.

당시 사건의 내용 자체에 대해서도 그 당시 현지에도 없었던 현씨가 완전히 잘못 파악하고 있었던 것은 말할 것도 없거니와 비판하는 방식이나 언어의 선택은 너무도 상식 이하였다.

그 당시 여러 사건들은 한두 마디로 옳고 그름을 판단할 일이 아니다. 나는 나의 기자 생활 경험을 토대로 취급했던 기사들 중 거리 관계(마이애미에서 차로 6시간 거리)로 현장에 못 갔던 플로리다 북쪽 도시의 납치미수 사건을 오보한 실수 이외에는 어느 하나도 조작 내지 과장했다고 보이는 기사는 단 한 건도 쓴 적이 없다. 모든 기사들이 증거가 완벽한 내용들이었다는 말이다. 그 당시 보도됐던 모든 내용들은 내가 자신의 명예를 걸고 사실을 보도한 것이다.

『주간 플로리다』는 내가 '미워하는 사람들을 죽이고 망신시키기 위해서 그런 사건들을 다루었다.'고 간단히 말하고 있지만 그 당시 상황은 진실을 밝히려는 『한겨레저널』과 '거짓을 앞세우는 힘 있는 자들'의 싸움이었다는 것이 지금 명백해지지 않았는가!

'태권도 가짜박사' 사건은 참으로 웃지 못할 사건이었음을 천하가 다 알고 있던 일이다. '화투광 신부'사건도 사실이었다. 나는 사제 개인은 우리가 용서할 수 있지만 사회의 지도자로서 그리고 사회의 모범이 되어야 할 성직자의 광적인 화투놀이, 특히 비신자 여성까지 낀 습관성 밤샘 화투놀이는 문제 삼아야 한다고 믿고 있다. 강 아무개 신부 사건도 마찬가지다.

그래서 가톨릭 내에서는 이러한 사제들의 공인으로서 옳지 못한 행위를 보고 참다못한 많은 교우들이 신문을 만들어 이를 대내외에 알리는 정화운동까지 벌이고 있지 않은가. 강 신부에게서 마음의 상처도 입은 저명한 의과대학 교수 한 분은 그 충격에 심장병이 재발한 적도 있다. 강 신부와 사목하는 교우들의 가슴에 같은 못이겠 것이나 마찬가지인 사건을 보고 신문기자라면 어떻게 했어야 옳았겠는가?

물론 그 사건을 보도하는 과정에서 내 자신이 개입된 일도 있었기 때문에 흥분한 나머지 기사 중에 지나친 감정이 섞인 언어가 섞였을 가능성과 테크닉의 문제가 있었는지는 모른다.

욕 먹거나 죽음 각오하더라도 진실을 보도하는 기자 정신

수년 전 여러 차례에 걸쳐 자세히 진실을 밝힌 사건을 이제 와서 거두절미하고 현지에도 없었던 사람이 뚱딴지같이 '잘못된 역사를 고친다.'는 미명하에 평생을 올바른 언론에 몸 바쳐온 사람의 명예에 그런 식으로 누를 끼치는 것은 옳지 않은 일이다. 같은 언론계에 몸담고 있는 사람끼리 서로 격려하고 도와주지는 못할망정 사실 보도를 한 언론인을 그런 식으로 '나쁜 사람'으로 매도한다면 『주간 플로리다』의 현 아무개 발행인 자신도 언젠가는 이런 일을 당하지 않으리라는 보장이 없을 것이다.

나의 선친(김영랑 시인)이 광복 후 초대 공보처 출판국장 시절 「출판문화 육성의 구상」이라는 글에서 '신문은 절대 불편부당하여 엄숙히 중립을 지켜야 할 것이며 특히 신문의 민주화라는 입장에서 진실 보도, 선덕, 그리고 왜곡의 불식을 위하여 항상 일반 대중, 전 국민을 상대로 하고 그들을 주관으로 하고 또 그들의 복리를 위해서는 사회의 공기성을 유감없이 발휘해야 할 것이다.'라고 강조한 바 있다.

이 글에서도 나타나 있듯이 언론인에게 있어서 가장 어려운 부분이 사실 보도 그 자체가 아닐까. 기자 자신이 욕을 먹거나 죽음을 각오하더라도 진실을, 사실을 그대로 보도한다는 기자 정신이 살아 있을 때 우리 사회는 조금씩 정화되고 발전되어 나간다고 믿는다.

진실 보도 자체를 문제 삼는 사람이 있다면 그는 언론인의 자격이 없다. 현 아무개 『주간 플로리다』 발행인은 즉시 자신의 과오를 인정하고 공개사과를 해야 할 것이다.

05

언론의 정도正道는 '골빈 짓'인가?

김대중 후보가 대통령 선거에서 당선되자 평소 가까이 지내던 플로리다 동포 사회의 중견 인사 한 분이 "이제 서울로 가시겠군요?"하면서 나의 입에서 언제쯤 떠난다는 말이라도 들어야겠다는 듯 호기심 어린 표정으로 내 눈을 뚫어지게 바라봤다.

지난 20여 년간 미국 내 각종 신문에 반독재 및 모국 민주화를 위한 칼럼을 써온 죄(?)로 이민 온 후 만 10년 동안이나 귀국을 못했던 독재정권의 반정부 인사이기에 DJ가 집권하면 분명히 뭔가 한 자리하기 위해 귀국할 것으로 판단했을 법한 일이다.

하긴 북미주 내에서 반독재 투쟁을 한 당시의 신문 발행인들 중 몇 분은 이미 귀국해서 정치인이 된 경우가 있을 뿐 아니라 그간 너무 많은 언론인들이 독재정권도 마다 않고 청와대 비서진부터 장관, 차관, 국회의원, 하다못해 중앙청 각 부처의 공보관에 이르기까지 출세가도로 뛰어든 게 사실이었기에 이분의 추측이 무리한 것으로 보이지는 않았다.

다만 나의 대답은 이분을 실망시키기에 충분한 "사람 잘못 보셨소."였다. 기자 생활을 이용해서 언젠가 정계에 들어갈 뜻을 가졌다면 어찌 권력과 금력의 눈치를 보지 않고 소신 있고 자유롭게 기사를 쓸 수 있었겠는가?

내가 DJ를 위해 반독재 기사를 써온 게 아니라 30여 년이라는 질기고도 지루한 군사독재의 혹정으로 이에 빌붙어 양심을 속이고 잘 먹고 잘 사는 일부 인사들을 제외한 대부분의 국민이 당하는 피해가 안타까워 정치인 중 우리 민족의 미래가 걸려 있는 남북통일 문제, 경제 분야 등에 어느 정치인보다 박식하고 그때까지만 해도 가장 때가 덜 묻은 민주 투사 DJ가 그 대안으로 떠올랐을 뿐이다.

DJ 집권 직후, 집안일로 귀국했을 때 숙모님 댁에 인사차 갔다가 그곳에서 정부 고관 부인을 만나게 되었다. 『조선일보』 독자인 숙모는 이 고관 부인에게 "이 조카가 『한겨레저널』을 몇 번 보내 줘서 읽어 봤는데 글쎄 그토록 야당성이 강한 사람이 이제 여당지가 된 서울의 『한겨레신문』 기사를 활용하면서 여당지를 만들고 있지 뭐야! 아주 실망했어." 하며 나를 성토하는 것이었다. 이 고관 부인도 기득권 세력으로 당시 한나라당이 집권하길 바랐기에 자연히 숙모의 말에 공감했다.

나는 기가 차서 'DJ가 이제 막 집권했으니 아직은 비판할 내용이 없다, 가다가 실정이 나타나면 미국에 살고 있는 나보다 서울의 『한겨레신문』이 먼저 비판기사를 다룰 것이다. 바로 그 신문만은 누가 뭐래도 언론의 정도를 가는 신문'이라면서 이분들의 말을 막아 버렸다.

아니나 다를까, 그 후 '옷 로비사건', '조폐공사 파업 검찰유도 사건', '여당 3·30 재·보선 자금 50억 사용 사건' 등 집권한 이래 DJ정권을 최대 위기로 몰아넣었던 굵직한 사건들이 DJ 집권 전 그를 죽이려 들던 조선, 중앙, 동아가 아닌 바로 『한겨레신문』의 특종 기사로 세상에 알려지게 되었다.

집권 전 DJ의 '국민회의'는 『한겨레신문』 알기를 이 세상에서 가장 믿을 수 있는 공정한 신문이었고 유일한 구세주였다. 그러한 국민회의가 집권 2년에 접어들면서 드디어 『한겨레신문』을 상대로 백일(101)억 손해배상 소송(선거자금 50억 사용 폭로기사 때문)을 제기했다.

며칠 후 언론이 무엇인지를 아는 DJ의 지시로 이 소송은 결국 취하됐지만, 언론의 정도正道를 슬쩍 망각한 척하고 눈치껏 집권자 측에 잘해 준다면 분명 출세의 길이 보장되는 한국의 정치 풍토를 한겨레신문 기자들이라고 몰랐겠는가?

'기자는 항상 약자 편에서 강자 편을 바라보는 자세, 만년 야당의 자세를 지녀야 한다.'는 언론인의 기본자세는 수습기자 때부터 언론계 선배들에게서 귀가 닳도록 들어온 교훈이 아닌가.

그 기자의 자세를 탈피하지 못하고 DJ 집권 2년째를 맞으면서 나는 이 정권의 잘못을 속속 보도하고 있었다.

위에 말한 이 고장의 중견인사는 당시의 『한겨레저널』을 보고 "이 사람, 그동안 출세 길을 잘 닦더니 이제 스스로 공든 탑을 무너뜨리는군. 아무 쓸모없는 친구야."하고 비웃었을까?

'가시밭길'이라는 언론의 정도는 일제 때 잔악무도했던 일본 경찰의 회유에도 끝내 굽히질 않고 자나 깨나 조국의 독립을 위해 스스로를 희생했던 독립투사들이 가던 가시밭길과 너무도 닮은 데가 많다.

이 세상을 사는 대부분의 이기주의자들 눈에는 이 이상의 골빈 짓(?)은 없을 것이다. "왜 적당히 기자 생활을 발판으로 남과 같이 출세를 못하는가?"하고 비웃겠지.

그러나 긴 안목으로 역사를 돌이켜보라. 극소수 '골빈 자들'의 역사관 때문에 우리가 사는 세상은 조금씩 개선되어 왔지 않은가!

거기에 덤으로 얻는 것은 평생을 지저분한 정권에 빌붙어 호의호식하지 않고 정의를 추구하는 올바른 기자로 살다 갔다는 해맑은 명예가 내가 떠난 후에도 뒤따른다는 사실이다.

언론의 자유와 책임

족지분수足知分數라는 말은 항상 사람을 겸손하게 처신하도록 하는 힘이 있다.

여기서 말하는 족자는 흡족할 족(또는 발 족자), 지는 알 지, 또 분수의 분은 분별할 분(또는 나눌 분), 수는 수학 등에 쓰는 셈 수, 곧 분수라는 뜻은 자기 신분에 알맞는 한도를 말한다. 결국 족지분수란 자신의 분수를 흡족(충분)히 알아야 한다는 뜻이다. 학교 성적이 최하위권인 아들이 제 분수를 모르고 눈만 높아 일류대학에 가려고 억지를 쓸 때 어버이는 그 자식의 앞날을 위해 족지분수를 터득하도록 가르쳐야 하지 않겠는가.

옛날 뼈대 있는 집안에 가면 간혹 '족지분수'라는 한문 명구를 액자에 넣어 집 안의 눈에 잘 뜨이는 곳에 마치 무슨 가보나 되는 듯 걸어 놓은 걸 볼 수 있었다. 다 자식들 사람 되라는 가정교육의 한 방법인 줄 안다.

『한겨레저널』을 헐뜯는 사람들의 말에 내가 귀를 기울이지 않

는 이유는 뜻잇'· 동료들은 저의가 알고 있〉
자신의 ... 들이 신문에 보도되
... 척이나 친구들
... 기자와 ...
... 이혼이 시간문제(나는 아직 '이혼'을 모 ...
'자칭 한의학박사(미국에서는 클리닉에서 근무하는 침술사도 닥터라고 부르지만 내 자신이 '한의학박사'를 자칭한 적은 전혀 없다.)라고 한다.'느니 별의별 유치한 거짓말을 조작해 자기들이 만들고 있는 인쇄물에 실어 퍼트리는, 반대를 위한 반대론자들과 무슨 대화가 가능하겠는가.

『한겨레저널』 폐간을 최일선에서 격렬하게 부르짖던 동포 한 분이, 상사인 아무개 씨, 즉 당시의 동지로부터 개인적으로 엄청난 피해를 당하자 하소연할 곳이란 역시 『한겨레저널』밖에 없다면서 사건의 자초지종을 신문에 호소, 한풀이를 한 사실을 어떻게 설명할 것인가.

『한겨레저널』은 약자 또는 이렇게 당한 자들에게는 없어서는 안 될 언론 기관임을 신문폐간운동에 가담했던 인사들이 누구보다도 더 잘 알고 있다는 반증인 것이다.

그렇다고 해서 『한겨레저널』이 전혀 실수가 없는 신문이라는 뜻은 더욱 아니다. 세계 최대의 신문이라는 『뉴욕타임스』도 간혹 실수를 하는 터에 어디 감히 완벽을 바라겠는가.

실수를 더욱 줄이기 위해 겸손한 자세로 책임질 수 있는 신문 제작에 최선을 다할 뿐이다.

비판 기사를 다루는 기자를 놓고 '당신은 완벽한 인간이냐?'고 항의하는 순진한 독자, 또 노기자는 나잇값(?)을 해서 날카로운 비판기사는 다루어서는 안 되는 것처럼 생각하는 어처구니없는 독자들을 위해, 법관을 예를 들어 몇 마디 사족을 달겠다. 이러한 것까지 설명해야 하는 게 해외 동포사회의 현실임을 어쩌랴.

판사가 같은 인간인 죄수에게 사형선고를 내리는 것은 판사가 완벽한 인격자여서가 아니라 일반인에 비해 법을 전공했고 판사라는 직책을 받았기 때문이다.

그 판사가 40년 가까운 노련한 경력으로 판결하는데 꼭 사형선고를 받아야 마땅할 극악범의 경우, 이제 판사가 늙어 '할아버지 판사'가 되었다 해서 10년 징역형이나 또는 인생을 살아보니 '좋은게 좋은 게야.'하면서 무죄를 선고한다면 이미 그 판사는 공공질서확립이 생명인 법관의 자질을 의심받아 무능한 노판사로 낙인찍힐 것이다.

법조계가 아닌 어느 분야라 하더라도 오랜 경험으로 신중과 유연을 터득할 수는 있을망정 그 원칙을 벗어나서는 안 된다는 것이 상식이다.

누가 뭐라건 신문이 해야 할 일만을 틀림없이 챙겨 신문의 원칙을 지키려고 노력해 오기에 비판받은 당사자 등은 왜 그런 걸 좀 적당히 봐주지 않느냐? 며『한겨레저널』을 싫어하는 사람도 그만큼 많을 것이요, 반대로 사회질서 확립을 위해서는 그러한 신문은 어느 사회에나 꼭 하나씩은 있어야 한다고 주장하는 정의파 독자도 많은 것이다.

이토록 찬반이 반반씩 엇갈린다면 그런대로『한겨레저널』은 꼿꼿한 언론의 길을 제대로 가고 있다는 걸 반증하고 있는 것이 아니겠는가.

그보다 내가 언론인으로서 크게 부끄럽지 않은 이유는 국내 언론사에서 오랜 세월을 근무했던 60대의 노언론인 아무개(전 서울의 일간신문 부사장 역임) 선배 등이 본보에 전화를 걸어 내 평생 신문도 많이 보아오지만 이토록 솔직하고 사실을 있는 그대로 쓰는 신문다운 신문은 처음 본다면서 본보를 진심으로 격려해주기 때문이다.

그 분야의 베테랑 이상 그 분야를 제대로 평가할 사람은 없을 터이다. 언론의 언자도 모르면서 신문기자가 어떻고 기사가 어떻고 하며 비방하는 소리에 무슨 의미를 부여하겠는가.

요즈음 물질에 영합해 참 언론이기를 포기하는 타락한 언론이 너무 많은 현실이야말로 같은 언론인 입장에서 서글프고 창피할 따름이나 그보다는 그러한 신문을 올바른 것으로 믿는 일부 독자의 시각이 더 큰 문제인 것이다.

미국의 28대 윌슨Woodrow Wilson 대통령의 중요한 연설문 중에는 이러한 말이 있다. "나는 언제나 최대의 '언론자유'는 사회에서 가장 안전한 것이라고 생각한다. 어떤 자가 바보스런 터무니없는 거짓말을 하고 있다고 하자. 이에 대한 최선의 방책은 그가 마음대로 지껄이게 해서 자신이 바보요 거짓말쟁이라는 사실을 세상에 널리 알리는 것이다." 참으로 역설적인 웅변이 아닐 수 없다.

세상 사람들이 족지분수의 경지에 들어서서 '내 주제에 감히 이 말을, 이 행동을 해도 될까?'하고 재삼 숙고하는 신중성과 겸허성을 지닐 때 이 세상은 보다 평화롭고 살만한 곳이 될 것이다.

07

자기 자식의 비리 보도 못하면 기자 아닌 위선자
— 공사 분별력이 언론인에겐 가장 중요

지난 40년간의 기자 생활을 돌이켜보면 나는 가시밭길이라는 언론인의 길을 걸으면서 개인적인 인기나 욕심, 심지어는 가족의 명예까지도 포기해 가며 공과 사를 분명히 하고 오직 있는 사실을 그대로 전달하는 기자의 직분에만 충실하려고 노력해 왔다.

나는 1963년 1월 국가재건최고회의(의장 박정희) 출입을 필두로, 장순 미대통령 방한 당시 진방 시찰 수행, 월남전 종군, 국방부, 내무부(치안국=현 경찰청), 교통부(철도청) 등 수많은 출입처를 드나들면서 한때는 같은 출입처의 동료기자들로부터 기자 세계의 영예인 '특종왕'이라는 별명을 듣기도 했다.

특히 기자 세계에서 흔히 있을 수 있는 온갖 유혹에도 단 한 번 넘어가 본 적이 없는 깨끗하고 강직한 기자 생활을 영위해 왔음을 자랑스럽게 생각한다.

요즈음 미국 내 한인 언론사에는 가끔 기사 가치 News Value를 몰라서 가까운 이웃집 아이 돌잔치를 사회면 머리기사로 다룬다

든가, 자신은 물론 자기 부인의 큰 사진까지 곁들여 1단짜리도 못 되는 기사를 4~5단 기사로 키워 보도하는 행태, 더구나 미사여구로 없는 사실을 조작해서 선배 기자를 모함하는 따위의 마을 회보만도 못한 수준의 인쇄물을 만들어 '신문'이라고 배포함으로써 다른 언론 선배들의 얼굴을 뜨겁게 하는 용감무쌍한 기자(?)들을 본다.

유능한 기자는 아무에게도 환영 못 받는 법

기자 세계에는 '가장 유능한 기자는 아무에게도 환영받지 못한다.'는 말이 전설처럼 흘러오고 있다. 가장 많은 진실을 말하는 사람이 가장 유능한 기자라는 뜻이다. 물론 내가 유능한 기자였다는 말은 아니다. 나는 그러한 유능한 기자가 되어 보려고 꾸준히 노력했을 뿐이다.

참다운 기자생활의 결과가 항상 그렇듯 나는 우리 동포 사회에서 적지 않은 적을 만들어 왔다. 교회 성직자들도, 공인들도, 가까웠던 사람들도 내가 맡은 사회적 사명을 실천하기 위해 그분들의 불의와 부정을 예외 없이 고발할 수밖에 별 도리가 없었던 것이다.

나 역시 인간이기에 언론에 고발당한 당사자, 가족, 친척, 친구 등이 나에게 보내는 차가운 눈초리를 왜 모르겠는가. 이것이 바로 나의 인간적인 고뇌였다. '왜 하필이면 내 자신이 비정하게 그들의 그릇된 행동을 사회 양심에 고발할 수밖에 없는 기자 신분을 택했을까?'하는 괴로움 말이다.

자기 자식의 비리를 보도 못하면 기자 아닌 위선자일 뿐

그러나 이 사회에서 누군가가 수행해야 할 기자 직분을 자신이 스스로 천직으로 택했다면 기자의 친자식이 사기를 쳐 사회에 물의를 일으켰을 경우마저 다른 사람의 경우와 똑같은 비중으로 이를 분명히 기사화해야 한다는 신념, 만일 그 선을 넘을 용기가 없다면 그날부터 기자직을 그만두어야 한다는 각오를 지니고 기자직을 수행해야 하는 것이다.

이는 생을 마감하는 날까지 끝내 짊어지고 가야 할 기자직을 천직으로 삼은 자들의 십자가인 것이다. 못된 자기 자식은 감싸면서 남은 비판하는 기자야말로 위선자 중의 위선자에 다름 아니다.

나는 불의를 고발당한 사람들 또는 그 측근들이 나를 냉대할 때마다 자신이 언론의 정도를 제대로 걷고 있음을 더욱 확신하게 된다.

좋은 게 좋은 거라며 적당히 욕을 얻어먹지 않고, 기자생활을 자신의 트명이 또는 명예욕을 달성하는 수단으로 이용하려는 후배 기자가 혹 있다면 나는 선배답게 '이 사회에 죄를 그만 짓고 그 정명으로 사리지 심서나 하라.'고 권하고 싶다.

또 기자 생활을 출세의 발판으로 삼겠다면 힘 있는 자들의 눈치를 살피면서 기사를 쓰게 될 테니 이는 순수한 기자를 가장한 사이비 기자 이상 다름이 아닐 것이다. 바꾸어 말하면 기자직을 올바로 수행하면서 욕을 먹지 않는 방법은 없다는 것이다. 이는 비단 언론인뿐 아니라 법관, 검사, 경찰관 등도 똑같이 적용되어야 할 철칙이다. 다시 말하면 기사로 인해 욕을 먹지 않는 기자는 결코 올바른 언론인의 길을 가고 있지 않다는 반증인 것이다.

도덕성과 공신력 아쉬운 일부 기자들 언론 선후배 관계부터 배워야

미국 내 후배 기자들 중 불행히 한국의 언론계에서 기자 생활을 할 기회가 없었던 일부 기자들은 언론계의 선후배 관계가 군대의 선후배 관계 못지않게 엄격하다는 상식을 갖추질 못하고 있는 게 우리의 현실이다.

군사독재 시절, 필라델피아에 사는 유명한 언론계 선배가 인권 유린을 밥 먹듯 하던 모국 군사독재자에 아부하는 글을 계속 신문지상에 발표하는 것을 보고도 당시 재미(국내 기자 출신들) 후배 기자 십여 명은 서로 장거리 전화로 생선 가게 망신 꼴뚜기가 시킨다며 뒤에서 흉을 보았을망정 어느 한 사람 언감생심焉敢生心, 지상에 반론을 제기하거나 가십화할 엄두를 못 냈었다. 그것이 바로 한국 언론계의 전통이자 미덕인 것이다.

나는 정의로운 사회발전을 위해서는 선배의 잘못을 보도하지 못하는 이러한 풍조가 반드시 옳은 것이라고 보지는 않지만 이러한 풍조는 선배의 실수를 덮어 주자는 게 아니라 언론계 선후배 관계에서 오는 끈끈한 고리에 상처를 줄까 두려워하는 매우 신중한 자세에서 오는 전통임을 예로 든 것이다.

더더구나 확실한 근거 하나 대지 못하면서 선배 기자가 쓴 사실 기사를 비난하는 태도는 기자로서의 자격이 없는 존재로서 언론계에서 매장되기 십상인 경거망동에 속한다. 이는 동포사회를 위해 정상적인 언론을 하겠다는 게 아니라 과거에 불의를 저질러 언론에 폭로됨으로써 그 기사에 감정을 품은 몇몇 사람들에 매수 당해 지금껏 모든 유혹에도 굴하지 않고 정론을 펴오고 있는 선배 기자를 의도적으로 흠집을 내자는 속셈을 드러내는 것 이상 다름 아니다.

　의식 수준 높은 독자들이 먼저 이를 간파하고 있음을 알아야 할 것이다. 누가 봐도 흉잡히지 않을 보도는 물론, 좀 더 겸손하고 숙연한 자세로 기자 생활을 해 나갔으면 한다.

　작가 올리버 홈스Oliver Wendell Holmes, Sr.(1809~1894)는 '언론자유의 가장 엄정한 보호는 극장에서 거짓말로 불이 났다고 고함을 쳐 공포심을 불러일으킨 인간을 보호하지 않는 것이다.'고 갈파했다. 이러한 거짓말로 고함치는 언론이 다시는 우리 동포사회에 혼란을 초래하지 않기를 바라는 마음 간절하다.

08

우리말도 못 지키는 언론

　내가 지난 반평생을 미국에서 살다가 귀국해서 도시의 건물에 쓰인 간판들을 보고 또 우리 민족의 얼이 담긴 말 중에 너무 많은 영어 단어가 섞여 있음을 알고 급속도로 우리의 고유문화가 바래가고 있음을 느꼈다.

　고유한 우리 것 대신 그 자리를 메우고 있는 것은 대부분이 미국을 비롯한 유럽·일본 등 강대국들의 것으로서 한민족으로서의 자존심이 많이 상할 수밖에 없었다. 세계화Globalize란 이렇게 우리 고유문화까지 버리면서 이뤄지는 작업은 결코 아닐 것이다.

　이렇게 나가다가는 고유한 우리의 것들이 과연 얼마 동안이나 보존될 수 있을까? 하는 걱정이 뒤따랐다. 물론 좋은 방향으로 변한 것도 많지만 신문 및 방송 등 언론 매체에 나타난 잘못된 점을 부각시켜서 관련 인사들의 시정을 촉구함이 더 뜻이 있는 일이 아닐까 하는 생각이 들어 우선 부정적 측면만을 지적하기로 한다.

일부 방송인 및 아나운서를 비롯해 대학 교수 등, 이 나라의 고유문화를 보존하고 또 국민들에게 가르쳐야 할 위치에 있는 지식층 인사들이 경쟁이나 하듯 앞장서서 우리말로 얼마든지 표현할 수 있는 단어까지 굳이 영어로 표현하는데다 그마저도 제대로 알지 못하면서 영어 단어를 엉터리 발음으로 시청자들을 오도하는 예가 너무 흔해서 어리둥절해진다.

꼭 그렇게 해야만 자신이 유식한 인물로 비치는 것일까? 그러한 여파 때문인지, 오히려 외국 생활을 오래 한 사람들은 어떻게 하면 우리의 것을 보존할 수 있을까를 고민하는데 요즈음 젊은이들의 문장을 보면 마치 자신이 유식하다는 것을 과시라도 하려는 듯 요소요소에 영어 단어를 집어넣고 있음을 볼 수 있다.

그러나 내게는 이러한 모습이 유식이 아닌 허영심의 발로로밖에는 보이지 않으니 이를 어쩌랴.

미국에서 박사 학위까지 받았다는 교수님 등 일부 유식한 분들이 긴 의자Sofa(소파)를 '쇼파'라고 발음하는 것을 어떻게 이해해야 할 것인가?

영어사전 어디를 봐도 'Shofa' 또는 'Shopa' 라는 단어는 찾을 수 없고 특히 소파Sofa라는 명사는 영어 단어 중 가장 쉬운 단어의 하나다.

또 그 흔한 단어인 골프Golf(또는 꼴프)를 '콜프'라고 발음하는 수준을 보고 이런 인사들을 강사로 초빙하거나 글을 쓰게 하는 언론사 관련 인사들이 원망스럽다. Sofa가 '쇼파'라면 왜 Golf는 '콜프'라 발음하지 않는가? 결국 '소파'를 영어로 어떻게 쓰는지도 모른다는 말이 아닌가?

가리키다(지시하다)와 가르치다(교육하다)의 차이도 몰라서 '가르키다(가르치다의 잘못)'라는, 국어사전에도 없는 단어를 만들어 사용함으로써 시청자인 일부 국민들은 그것이 바른 표현인 것으로 받아들여 확대 재생산하고 있다는 심각성을 과연 이분들이 언제나 깨달을까?

또 잊어버리다(망각)와 잃어버리다(분실)를 구별 못할 뿐 아니라, 새벽이라는 단어는 동이 트기 전의 이른 아침을 뜻하는데 어떻게 된 영문인지 한밤중 12시 5분도 오전 12시 5분이라 하지 않고 '새벽 영시 5분', 또 오전 1시는 '새벽 1시' 등으로 표현하고 있으니 이제 우리 국어사전에서도 '새벽은 밤 12시부터 이른 아침까지를 가리키는 단어'라고 그 뜻을 바꾸어 실어야 할 때가 온 것인가?

최근 상영되고 있는 새 영화 안내를 하면서 아나운서가 'XX 영화가 오늘 전국 영화관에서 상영한다.'고 해서 깜짝 놀랐다. 영화 자체가 영화를 상영할 수 있을까?

이런 경우도 'XX 영화가 오늘 전국 영화관에서 상영된다.'가 바른 표현법일 것이다.

더구나 입장권을 한 장, 두 장, 석 장, 넉 장 하지를 않고 '한 매, 두 매, 세 매, 네 매' 하는 어처구니없는 방송인들을 볼 때 우리 국어교육에 큰 문제가 있음을 실감했다.

장과 같은 뜻의 매라는 낱말을 쓸 때는 한 매가 아닌 '일 매'로, 두 매는 '이 매', 세 매는 '삼 매'로 그리고 한 매는 '한 장', 두 매는 '두 장', 세 매는 '석 장', 네 매는 '넉 장'으로 표현함이 옳다.

아나운서가 이 정도일 때 일반인들의 국어 실력은 어느 정도이겠는가? 잘못된 예가 너무 많아서 이 정도로 그친다.

　언론이 생생하게 살아 있는 사회는 입법·사법·행정·교육·종교·문화 등 모든 분야가 부패할 수도 없고 잘못 갔더라도 곧바른 방향으로 돌아올 수밖에 없는 법이다.

　방송위원회나 국립국어원은 말할 것도 없고 특히 신문의 문화부 기자나 방송의 문화 관련 PD 및 아나운서들이 이런 점을 못 본 척 지나치거나 스스로 실수하고 있기에 우리 고유의 아름다운 말과 글은 나날이 변질되어 가고 있는 것이다.

　우리 고유문화를 사랑하는 분들이라면 한 번쯤 심각하게 고민해 봐야 할 문제가 아닌가 한다.

09

정통언론과 사이비언론

　언론을 흔히 제4 권력이라고들 말한다. 정부의 입법, 사법, 행정에 이어 언론을 그다음 권력으로 인정한다는 뜻은, 언론은 정치권력의 독단적 행위를 시시비비주의是是非非主義에 입각해서 견제비판하고 민주주의의 보루堡壘로서 사회 정화라는 중요한 임무를 맡고 있기 때문이다.
　그러나 언론이 이러한 사회적 공기公器로서의 역할을 제대로 다할 때 그 존재가치가 있는 것이지 기자의 사적 감정에 따라 언론을 흉기로 둔갑시킨다면 이는 사이비신문 또는 폭력신문이라는 불명예를 안아야 하는 것이다.
　사이비似而非라는 말의 뜻은 겉보기에는 진짜와 비슷하나 속은 완전히 다르다는 뜻으로, 조선 중기 때 침굉枕肱 스님이 가사집인 『침굉집(集)』에서 사이비 승려에 대한 질책과 승려 본연의 사명인 중생 제도의 염원을 읊은 데서 비롯된 말이다.
　시是(옳을 시), 비非(아닐 비) 즉 시시비비라는 뜻 역시 옳은 것은 옳다 하고 아닌 것은 아니라고 해야 한다는 뜻인데 만일 기자가 자기의 감정대로 시를 비라 하고 비를 시라 한다면 이미 그 기자는 기자의 자격도 없고 기자의 흉내를 내는 사이비 기자일 뿐이다.

신문 독자나 방송 시청자 중에는 언론이 올바로 가는지 아닌지를 판단하기가 어려운 분들이 많기 때문에 이러한 사이비언론이 장기간 독버섯처럼 활개를 칠 수 있는 것이다.

이게 바로 21세기 우리 대한민국 국민들의 의식 수준이다. 미국에도 사이비 신문이 없는 것은 아니다. 다만 시민들의 의식 수준이 높아서 사이비 신문이 오래 버티질 못한다는 차이가 있을 뿐이다.

안타까운 사실은 대부분 독자들이 신문에 났으니 그게 사실일 테지 하고 믿는다는 것이다. 이런 경우를 두고 언론계에서는 예부터 인쇄의 마성魔性이라 칭해 왔다. 언론이 침소봉대해서 과장보도를 해도, 거짓말을 써도, 나아가서는 글로 폭력을 휘둘러도 독자와 시청자들은 마귀에 홀린 듯 보도가 된 내용이라면 무조건 사실로 받아들이는 어리석음을 빗댄 말이다.

의식이 제대로 된 일부 독자들로부터 비판을 당하면 사이비 기자나 그를 감싸고 도는 최측근 인사들은 후안무치厚顔無恥하게도 왜 남의 회사(언론사) 일에 간섭이냐?고 할지 모른다. 천부당만부당한 주장이다. 언론사가 개인회사라지만 사이비 신문의 경우 사회의 공기로서의 본연의 자세를 잃고 이미 자기네 회사 밖의 무고한 인물에 정신적으로 큰 상처를 주고 있는데도 어떻게 다른 개인회사와 같이 취급하라는 말인가? 그게 사회의 공기로서의 언론사란 말인가?

　더구나 놀라운 사실은 중앙의 신문 방송을 비롯해 모든 언론이 특정 지역 지자체를 대상으로 정치적인 경찰 과잉 수사를 나무라고 있는 터에 누구보다도 그 고장을 아끼고 보호해야 할 그 지역 신문만이 아무런 근거 제시도 없이 과잉수사가 옳은 것처럼 지자체장을 비방한 대한민국에서 유일무이한 신문이었을 뿐 아니라 마치 '이웃 군청 직원들은 열심히 일을 잘하는데 이 특정 지역 군 직원들만 일을 안 하고 빈둥대'는 양 대서특필해서 연거푸 독자들을 오도誤導한다면 그러고도 '사이비 신문'임을 부인할 수 있겠는가?

　정치적 압력 때문에 당시 경찰의 과잉수사가 벌어진 탓으로 군청 행정이 마비되어 직원들이 일을 할 수 없었음을 군민 및 군의회까지도 너무도 잘 알고 있었기에 의식수준이 있는 분들은 이 사이비신문 편집자의 IQ를 의심할 만한 어처구니없는 기사를 보고 허탈한 웃음을 지었을 뿐이다.

　내 판단으로는 기자의 IQ 문제가 아니라 사이비 기자나 지닐 수 있는 '거짓 또는 억지 기사를 내 마음대로 써봤자 이 고장에서 누가 감히 토를 달 수 있겠느냐?' 하는, 기자가 가져서는 안 될 오만방자한 교만이 그런 엄청난 실수를 저질렀다고 본다. 이 얼마나 지역 발전을 위해서 해로운 존재인가?

　항상 올바른 이성 속에서 살아야 할 기자가 지나친 복수심에 사로잡힐 경우 어떤 결과를 낳는지 잘 보여주고 있어 언론학 강의 자료 중 '사이비 기자의 실례'로 이 이상 좋은 경우도 없을 것이다.

가령 이명박 대통령이 독도가 우리 땅임을 전 세계에 알리기 위해 현지를 방문했다 해서 일본 언론이 일제히 대한민국 대통령을 비방하는 기사를 보도했다고 치자. 이 대통령 집권 후 많은 실정 및 부정으로 죽도록 밉긴 하지만 그렇다 해서 우리 대통령을 헐뜯는 일본 언론을 잘했다고 비호하는 한국 언론이 있다면 어느 과격파 청년 애국자 한 분이 그 언론사 건물을 폭파시킬 수도 있는 경우가 될 수도 있을 것이다. 정상적인 한국 언론이라면 대를 위해 소를 희생시키는 자세, 즉 이 대통령에 대한 그간의 모든 미운 감정을 우선 내려놓고 바로 일본 언론에 항의하는 기사를 보도해야 하는 게 한국 언론의 책무라는 말이다.

하물며 그 특정 지역 이외의 국내 전체 언론이 수사기관의 횡포를 나무라고 있는데 이 지역 언론사 하나만이 반대로 자기네 지역 '대통령(지자체장)'을 비방한다면 이게 바로 사이비신문의 본보기가 아니고 무엇인가.

신문이 공익을 해치는 깡패와 다름없는 기사를 써도 언론의 감시 비판(?) 기능을 다하는 것으로 착각하는 일부 독자들은 이번 기회에 그것이 올바른 언론의 자세인지? 아니면 언론이 정신 나간 짓을 하고 있는지? 다시 말해서 운전사가 차를 제대로 운전하는지, 산으로 끌고 가는지를 이제부터라도 가릴 수 있는 안목을 길러나가야 한다.

정의를 세우는 데 언제 다중이 가담한 적이 있던가? 비굴한 다중은 눈치를 볼 때 용감한 정의파 인사들 몇몇이 자신들의 희생을 감수하면서 거사를 성공시켜 전체 사회에 행복을 가져온 사례가 반복되는 것이 인류의 역사다.

이번을 계기로, 지난날 이 고장의 평화를 망가트려 온 폭력 언론의 흉기에 찔려 마음에 깊은 상처를 입은 적지 않은 분들이 더는 양산되지 않기를 마음속으로부터 바라는 마음 간절하며 아울러 이 글이 이미 상처를 입은 분들의 아픔을 단 10%만이라도 어루만져줄 수 있기를 진심으로 바란다.

또한 이 글의 주인공으로 등장하는 해당 기자들은 이번을 계기로 다시는 펜대를 악용하는 일이 없는 훌륭한 언론인들로 성장해서 이 모든 지역 독자들의 존경을 받는 때가 오기를 진심으로 바란다.

끝으로 전 세계의 모든 언론사 편집자들이 헌법처럼 받들고 있는 기사 작성상 준수사항 다섯 가지를 편집자의 정도가 무엇인지 아직도 모르는 분들을 위해 밝힌다.

1) 사실과 다른 오보False Report는 없는가?
2) 명예훼손죄Libel and Slander는 구성되지 않는가?
3) 뉴스 가치판단News Value Judgment에 틀림이 없는가?
4) 오타Typo는 없는가?
5) 문법Grammar, 구두점Punctuation Mark, 맞춤법Spelling 그리고 사용된 용어에 오류는 없는가?

10

비판과 비난과 비방은 어떻게 다른가

TV 방송의 토론 프로그램을 볼 때마다 아쉽게 느끼는 것은 앞서 가는 나라들에 비해 토론문화에서 우리나라 지식층이 많이 뒤지고 있다는 사실이다. 그 이유는 출연자들이 비판批判, 비난非難, 비방誹謗을 잘 구별하지 못하는데다 토론 진행방식에서조차 서툴기 때문이다.

우선 비판이란 무슨 말인지부터 살펴보자. 한자가 말해 주듯 비판이 비판하는 비평한다는 뜻이고 판判은 바로잡는다 뜻이다. 즉, 앞서 말한 분의 언행 가운데 어느 부분이 명확한 오류를 지적하면서 자신의 합리적인 주장과 함께 그에 대한 대안책은 무엇인지를 제시하는 경우를 비판이라 하는 것이다. 듣기보다는 사뭇 건설적이다.

한편 비난의 비非는 비방한다는 뜻이고, 난難은 힐난한다는 뜻이다. 즉, 상대방의 언행 가운데 잘못을 지적한 다음 대안은 제시하지 않고 오히려 터무니없이 헐뜯는 것을 말한다. 이 경우는 악의가 보인다.

또 비방의 비誹는 헐뜯는다는 뜻이고, 방謗 역시 헐뜯는다는 의미다. 즉, 상대방의 언행과는 관계없이 무조건 상대방을 헐뜯고 비웃는 것을 말한다. 한마디로 말해서 파괴적이다.

따라서 듣는 이들은 비난성 내지 비방성 발언의 경우 설득력이 없어서 받아들일 수 없는 대신 비판성 발언은 건설적으로 설득력이 충분해서 양심에 비추어 속으로나마 받아들일 수밖에 없는 것이다.

개그맨이 밑도 끝도 없이 앞서 말한 사람의 말을 끊고 '그건 그렇고…'하면서 뜬금없는 말로 상대방을 헐뜯는 발언을 할 때 좌중이 웃는다. 이것은 개그맨이라 좌중을 웃기려는 의도로 그렇게 하는 것이고, 좌중 역시 개그맨 쇼를 즐기는 중이라 이러한 돌출 행위를 나무라지 않고 그냥 웃어넘긴다. 이런 경우 논리적으로는 분명히 개그맨이 비판이 아닌 비방을 한 것이다.

사회의 정의를 바로 세우려는 목적으로 권선징악勸善懲惡의 자세를 유지해야 하는 게 언론, 사법, 검찰, 경찰 당국이다. 이들에게는 비판적 자세가 필수불가결한 것이다. 그런데 누군가가 비판을 당하면 본인을 비롯해서 그의 측근 인물 중에는 '왜 남을 비난(또는 비방)하느냐?'고 반발하는 분들이 있다. 비판, 비난, 비방의 엄청난 차이점을 모르기 때문이다.

내가 평소 존경해 오던 인물 중에는 모진 협박, 고문 등 온갖 고초를 감수하면서도 군사독재의 악행을 끈질기게 비판하고 고발해서 독재자 측의 미움을 샀던 고 리영희, 송건호 등 언론인들, 또 함세웅 신부, 문익환, 고영근 목사 등 우리 민주 역사에 길이 남을 훌륭한 분들이 계신다.

이분들은 남들처럼 편한 생활을 영위할 수 있는 여건임에도 거기에 안주하지 않고 사회정의 실현을 위해 못된 독재자를 수없이 비판해왔다. 이분들은 인생의 낙원이 내세에 있지 않고 바로 우리가 살고 있는 현세에서부터 시작된다고 믿어 우리가 몸을 지니고 살고 있는 이곳부터 악을 제거해야 한다고 목청을 높여 온 것이다.

영적으로 높은 경지에 있는 구루Guru(영적 스승)의 눈에는 선도 악도, 아름다움도 추함도, 있음도 없음도, 삶과 죽음마저도 분별할 필요 없는 일원론一元論의 경지에 서 있어서 이 세상의 사회정의 같은 것은 다 하찮은 것에 불과할 것이다. 비판을 해도 비난 또는 비방을 해도 다 유치한 단계일 뿐이다.

허나 그 정도의 경지에 오른 구루들은 인간사회에서 일어나는 이러한 일을 측은지심惻隱之心으로 바라볼 뿐 말이 없는 법이다.

그러나 그 경지까지 아직 못 오른 사람치고 몸을 지니고 살아가는 인간사회에서 어디 이게 가능한 소견법所遣法인가?

평소 모범 경찰관(또는 언론인, 검사, 판사 등)인 줄 알았던 자가, 경찰관 신분으로, 도둑을 잡으라고 준 권총을 들고 필요할 때마다 살인강도 짓을 한다면 이 세상에 이보다 더 큰 악은 없다는 데서 정의의 펜대(비판)는 어느 사회악보다도 이 악을 먼저 고발해야 함은 너무도 당연한 자세인 것이다.

비판은 고발정신과 개선 그리고 발전을 낳는다. 앞서가는 나라들의 국민들은 부정, 불법, 비리를 그냥 넘기지 않고 자신이 본 즉시 당국에 고발하는 일을 올바른 시민의 도리라고 믿는다. 다른 분의 학문적인 앞섬을 칭찬하고 부족함을 지적하는 비평(예술 분야에서는 비판을 '비평'이라 한다.) 역시 값진 것이다.

  비판과 비평을 하기 위해서는 지혜와 용기가 필요함은 정이 넘치는 한국적인 현상임을 알아야 한다. 지혜도 용기도 필요 없는 직설적이고 자연스런 생활화된 비판이야말로 우리 사회의 발전과 개선을 훨씬 앞당긴다는 교육이 절실한 시점이다.

11

'20세기 중 미국에서 가장 탁월한 언론인'
이경원 대기자

동양인Asian으로는 최초의 미국 주류 언론의 저명한 사건기자 Investigative Reporter, 한국인 이경원KW Lee(87, KW는 미국명으로 Kyung Won 중 이름 앞 글자만 따서) 대기자는 미국 언론인들이 20세기에 가장 탁월한 언론인 중 한 분으로 존경하고 있는 분이다.

이를 뒷받침하듯 워싱턴디씨Washington, DC 교외에 있는 알링턴 언론기념관Newseum's Journalism History Gallery in Arlington, VA.에는 지난 20세기에 가장 훌륭했던 미국 기자 5백 명의 부스Booth 속에 이경원 대기자도 포함시켰는데 거기에는 '세상을 바꾼 20세기에 가장 탁월한 언론인'으로 소개하고 있다. 한국인으로 이 얼마나 자랑스러운 일인가!

이경원(미국의 3대 공립 아이비리그 중 하나인 일리노이대 언론학 석사) 선배는 사적으로는 나의 외가 쪽으로 아저씨(모친의 고종사촌동생으로 나의 외당숙)가 된다. 모친과 같이 경기도 개성 태생인 이 선배는 보성전문(고대 전신) 영문과 재학 때 당시 중앙청 국장으로 재직 중이던 선친의 신원보증을 받고 미국 유학길에 오른 탓으로 평소에도 미국 대륙의 동남부 끝 플로리다와 서부 끝 캘리포니아라는 6시간대 비행 거리를 넘어 자주 전화 통화를 하고 있다.

이 선배가 미국인들에게 존경받는 이유는 미국 역사상 가장 두각을 나타냈던 부정폭로기자요, 미국 사건기자의 세계를 새롭게 개척한 분이기 때문이다.

1977년, 이 선배는 명확한 증거도 없이, 동양계 부랑아인데다 살인사건 현장 가까이 있었다는 이유만으로 체포돼 마땅한 변론인도 없이 사형 선고를 받고 며칠 후면 형장의 이슬로 사라져 갈 17세의 한인 소년 이철수의 억울함을, 지금은 없어진 미국에서 가장 오래된 신문 중의 하나인 『새크라맨토 유니온』(1851~1996)에 시리즈 기사로 연재함으로써 처형 직전에 석방하도록 만든 엄청난 대기자다.

당시 전 미국의 TV와 신문은 이경원 대기자의 이 쾌거를 일제히 보도함으로써 미국인들의 머리에 한국 출신 KW Lee 기자를 각인시켰다.

또 캘리포니아 주 의원들과 판사를 포함한 공무원들이 자신들의 은퇴연금법을 주물럭거려 납세자들도 모르게 은근슬쩍 은퇴연금을 올려놓은 사건을 「골든돔The Golden Dome」(금빛지붕 = 캘리포니아 주 정부 청사—지붕이 금빛—의 별명)이라는 제목으로 몇 달에 걸쳐 연재해서 이 기사는 수많은 라디오 토크쇼Radio Talk

Show의 주제가 되었을 뿐 아니라 '골든돔'은 부패한 공무원과 권력자들을 빗대는 대명사가 되기도 했다.

이 밖에도 헤아릴 수 없는 훌륭한 비판기사 및 폭로기사로, 일반 기자로서는 평생 한 개의 상을 받기도 어려운 실정인데도 학계, 언론계, 법조계 등 각계각층으로부터 무려 31개의 상을 받은 미국 기자 세계에서는 너무도 유명한 존재인 것이다.

당시 캘리포니아 주지사로 막 당선됐던 로널드 레이건(후에 대통령이 된 Ronald Reagan)은 이경원 대기자가 쓴 은퇴연금법 관련 기사가 수차례 보도된 후 시민들의 원성이 높아지자 특별회의를 소집했고, 주의회는 결국 전임 팻 브라운 주지사Governor Pat Brown 시절 자기네가 몰래 통과시켰던 은퇴연금법 법안을 다시 폐기해 원점으로 돌려놓을 수밖에 없는 수모를 당하기도 했다. 그렇게 안 하고서는 이미 기사로 인해 전 시민들이 자기네 부당 행위를 다 알아버려 차기 선거에 당선될 가능성은 거의 없었기 때문이다.

미국 시민들은 아직도 그 기사로 인한 개혁의 혜택을 누리고 있으니 언론의 역할이 얼마나 큰지를 보여 주는 좋은 예가 아닌가.

이 기사로 이경원 대기자는 퓰리처상Pulitzer Prizes 후보에 올랐을 뿐 아니라 퓰리처상에 버금가는 미 프레스클럽Press Club(기자협회) 주관 네셔널 헤들라이너즈상The National Headliners Awards을 받아 전 미국 기자들의 선망의 대상이 되기도 했다.

미국 시민들은 아무리 유명한 신문기자가 길을 지나가도 얼굴을 기억하지 못할 뿐 아니라 알아도 인사를 안 하고 그냥 무심히 지나치는 게 관례인데 이 선배의 경우는 지나가는 미국인들이 하나같이 이 기자를 보고 "이경원 씨, 안녕하세요?(Hi, KW Lee!, 미국서는 '미스터'를 안 붙이고 통상 이렇게 불러준다.)"하고 인사를 하니 미국인들의 존경도가 어느 정도인지 짐작할 만하다.

이경원 선배는 25년간이나 근무해 온 소속 신문사(Sacramento Union) 편집국의 기자 양성소장이기도 했다. 당시 소속 보브카니 편집국장이 훗날 이 선배의 은퇴 기념 파티석상에서 공개한 강연 내용을 들어 보면 '그는 장래가 촉망되는 신참 기자들을 자신의 사건기자 팀에 합류시켜 기사취재 방법과 독자와 뉴스 취재원에 대한 기자의 도덕적인 자세, 그리고 사건기사는 어떻게 쓰는지 등을 몸으로 보여주었다. 한 번 그와 함께 일해 본 기자들은 이경원 대기자의 일에 대한 헌신과 집중력, 그리고 엄격한 취재 윤리에 머리를 흔들지 않는 사람이 없을 정도였다.

그리고 KW Lee는 사기꾼, 살인자, 악한 등을 가혹하게 다루기 때문에 KW Lee의 적이 되는 것은 불행한 일이었다. 막강한 관료들도 그에 저항하는 것은 그의 화만 돋우는 일임을 이제 다 알고 있다.'고 이분의 철저한 기자 정신을 높이 평가했다.

이분이 미국으로 떠나기 직전, 나의 형제들 앞에서 선친의 시를 달달 외우다가 '미국 유학에서 돌아오면 즉시 영랑시 전편을 번역하겠다.'고 다짐했으나 미국 유학 시절, 일제에 결사 항거한 부친(독립유공자, 이형순)의 아들답게 미국 신문에 이승만 독재를 비판하는 날카로운 칼럼을 연재하면서 그의 귀국은 이승만 정권이 무너질 때까지 끝내 이룰 수 없었다.

1973년 CNS(Copley News Service) 특파원으로 잠깐 한국에 왔

워싱턴디씨 교외에 있는 '언론인기념관'에 게시된 아시안으로서는 유일한 자기의 '부스'(위 왼쪽 끝) 앞에서 포즈를 취한 이경원 대기자

었고 회갑이 지나서야 정부 초청으로 귀국, 한동안은 서울의 영자신문 코리아 헤럴드Korea Herald의 편집고문으로 활약하면서 기자가 갖춰야 할 윤리 도덕과 취재 방법 등을 중심으로 한 철저한 교육을 실시해서 후배들의 존경을 받았지만 이미 그의 한국이 실리는 안타깝게도 한국인이 마음을 노래한 깊은 서정 세계의 '영양 시'를 번역하기에 놓이 수 있었다.

내가 24년 전, 나는 신문의 편집위원직을 그만두고 독자적인 신문(The Korean American Journal of Florida =한겨레저널)을 발행하자 이 선배는 신문을 한 부씩 보내달라고 했고 몇 달이 지난 어느 날 나에게 전화를 걸어 "내가 40여 년간 기자 생활을 하고 있지만, 대학에서 배운 그대로 편집한, 이토록 솔직하고 정직한 신문은 처음 봤다. 불의와 부정을 저지른 악과의 타협으로 비판 대상자의 이름을 가명으로 감춰주고 있는 신문이 대부분인 요즈음에 100% 실명을 쓰는 철저한 기자의 고발정신 등이 마음에 든다."고 격려하기도 했다.

　노령에도 불구하고 하버드대 케네디스쿨Kennedy School of Government, Harvard University 등 미국 전역의 명문대를 돌아다니며 초청 교수로 강의를 하고 있는 열정과 사회정의를 위한 그칠 줄 모르는 비판성 칼럼 기고에 수많은 후배 기자들과 함께 나 또한 힘찬 박수를 보낸다.

V 조국을 향한 구원의 기도

/ 01

수천 청중을 기만했던 한국 최대의 오페라단

40여 년 전인 1968년, 모 오페라단 창단 기념으로 오페라「라 트라비아타(춘희)」가 서울 세종로에 있는 국립극장에서 공연됐다.

일반 청중 수천 명은 당시 51세의 오페라단 김 아무개(소프라노) 단장이 프리마돈나 '비올레타'역을 맡아 화려한 모습으로 노래 부를 때 넋을 잃고 저 나이에 어쩌면 저렇게 고음을 자유자재로 시원하게 하고 감탄해 마지않았다.

음악을 좋아하는 나도 이번 공연을 놓치지 않겠다고 벼르고 있는데 김 단장의 '아리아'「아 그대였던가」중 최고음은 나이 탓으로 올라가지 않아 높은 소리 부분은 김 단장(당시 모 여대 성악과장)이 입만 뻥긋, 노래하는 척하고 실제로는 수제자가 커튼 뒤에 숨어서 노래한다는 믿지 못할 정보가 들어왔다.

뉴스 가치로 보아 청중을 기만하는 이 사건이 사실이라면 엄청난 뉴스거리가 아닐 수 없어 나는 평소 잘 아는 성악가 J(이 오페라 바리톤 부분 담당 성악가)를 잠깐 술집으로 초청, 사건 내막을 다 알고 있는 듯이 유도 질문을 던졌다.

"스승과 제자가 얼마나 연습을 했기에 그토록 청중들이 감쪽같이 넘어가지?"하자 J는 눈이 휘둥그레지면서 "아니 그걸 어떻게 알지?"하고 깜짝 놀랐다. J는 내가 이미 내용을 다 아는 것으로 알고 체념하듯 묻는 질문에 또박또박 대답을 하면서 "사실 예술인으로서는 있을 수 없는 일이지… 김 단장이 노망했어."하고 울분을 토했다.

김 단장의 수제자로 확인된, 나와는 생면부지의 당시 명문 여대 성악과 졸업반 학생 이 아무개(현재 국내 원로급 성악가, 여대 교수) 양에게 전화로 "장래가 촉망되는 이 양이 어떻게 그런 짓을 할 수 있느냐?"고 묻자 이 양은 내 전화가 올 것을 미리 스승에게서 들어 알고 있었던 듯 조금도 당황하는 빛이 없이 "스승이 부탁하는 걸 제자 입장에서 뿌리칠 수가 없었어요. 3개월간 입을 맞추는 연습 끝에 일반 청중이 알아차릴 수 없을 만큼 완벽한 입맞춤을 이룰 수 있었죠."하고 고백했다.

미모가 출중한 것으로 알려진 이 양은 이어 "정의감이 넘치는 기자를 모처럼 발견해서 호감이 가요. 저녁 식사 한번 대접해야겠는데 오늘 저녁 시간이 어떠세요?"하고 은근히 유혹했다. 당시 내 느낌은 일면식도 없는 남성에게, 그것도 첫 전화에서 이렇게 대담하게 나온다는 것은 스승의 부탁(미인계)이 아니고는 불가능하다고 생각, "고맙군요. 근데 취재 중엔 안 돼요. 취재가 완전히 끝난 후에 한 번 만나죠."하며 냉정히 피했다.

며칠 전부터 자신의 '청중 기만 사건'을 취재하고 있다는 정보를 듣고 김 단장은 수단 방법 가리지 않고 비서를 통해 나에게 세 차례나 접근, 나의 선친이 자신을 얼마나 귀여워해 주셨는데 그 아들이 나를 이렇게 할 수 있느냐?, 또 그 후에는 엄청난 액수의 물질 공세(현 시가로 6억 원 정도) 등 유혹 작전을 폈으나 끝내 뜻을 이루지 못하자 '이제 밤길에 신변을 조심하세요.'하는 협박까지도 서슴지 않았다.

이 때문에 그다음 날부터 사복 경찰이 밤낮으로 나를 뒤따르기 시작했다. 하긴 당시 내 출입처가 내무부(현 안행부), 치안국(현 경찰청)이었으니 만일 내 신변에 사고가 생기면 경찰로서는 고민거리가 될 것이었다.

나와의 끈질긴 타협에 실패한 김 단장은 바로 기사가 터지기 직전, 당시의 서울 시내 10대 종합일간지와 3대 TV방송사 사장들을 차례로 만나 미모의 소프라노 가수가 무대에서 하듯 눈물로 호소, 언론사 사장들을 완전히 항복(?)시키는 데 성공한다.

결과는 1주일간 취재하느라 소비한 나의 시간과 정력은 수포로 돌아가고 말았다.

기사 세계의 횡작인계가 부섭다는 사실까지 알고 전 언론사를 저놓이가 자신의 뜻을 이룬 김 단장이야말로 순수한 성악가가 아닌 정치적 수완까지 겸비한 여걸이었다.

나의 소속 언론사 사장은 거액의 물질공세에도 넘어가지 않고 신변 협박까지 받으면서 기사 작성을 완료한 사실을 뒤늦게 알고 나에게 너무 미안해서 한국 언론사상 유례없는 '특종상시상식'을 베풀었다. 다음 주 월요일 출근 시간에 맞춰 회사 사원 전원 약 4백 명을 회사 건물 옥상에 집합시키고 총무국장을 통해 내가 '물질의 유혹을 끝내 물리치고 신변 위험까지 감수하면서' 취재를 끝낸 사실이 적힌 특종상장을 낭독하게 했다. 보도 불발 기사의 특종상이라니? 세상에 그런 것도 있던가? 아마 전 세계 언론계에 이번이 처음이고 마지막이 될 특종상 시상식이 아니었을까?

당시 평소 기자들의 특종상은 담당 부장이 퇴근할 때 "어이, 여기 특종상금이야." 하면서 소액이 든 봉투를 해당 기자에게 던져주는 게 상례였기에 같은 부 소속 기자들이나 알았지 다른 부 소속 기자들도 모르는 게 상례였다.

김 단장이 각 언론사 입막음에 성공한 줄도 모르고 어느 유력 일간지에 넘긴 그 기사가 불발로 끝나자 나는 하는 수 없이 다음 날, 어느 경제신문의 후배 기자에게 이 기사를 넘겨 이 사건을 머리기사로 보도하는 데 성공한다. '설마 경제지까지야…'하고 방심했던 김 단장은 당장 이 신문사 사장을 찾아가 "당신이 뭔데 10대 일간지가 다 봐 준 기사를 터트려?"하고 호통(?)을 친 사실이 사장 비서에 의해 밝혀졌다.

'동에서 뺨 맞고 서에서 눈 흘긴다.' 했던가? 화가 난 이 경제신문 사장은 엉뚱하게도 특종상을 주어야 할 후배 기자에게 분풀이를 해서 자신이 당한 모욕을 되돌려 주었다. 청와대에서 낙하산을 타고 내려온 비언론인 사장의 한계였던 것이다.

02

한국경제는 미국이 일으켰다

대한민국 국민 대부분이 알기로는 한국군 베트남 파병이 미국 정부의 요구에 정부가 어쩔 수 없이 응했던 결과라고 믿고 있다. 그러나 사실은 거꾸로 박정희 전 대통령이 자발적으로 베트남 한국군 파병을 미국 측에 제안, 미국이 이를 받아들인 결과였다.

박정희, 케네디 정상회담 회의록에 따르면 1961년 쿠데타 성공 후 11월 14일 박정희 당시 국가재건최고회의 의장은 케네디 대통령의 초청으로 미국을 방문한다.

이때 양 정상회담 석상에서 박 의장은 케네디 대통령에게 '한국은 월남전과 같은 유형의 전쟁에 잘 훈련된 인력을 보유하고 있다. 이들은 정규군에서 훈련받았고 지금은 흩어져 있다. 출발 전 한국군 장성들과 협의한 결과 모두가 파병을 찬성했다. 자유세계의 일원으로 미국의 과중한 부담을 덜어주기 위한 결정이다. 케네디 대통령께서도 이 점 군사고문들과 지속적으로 연구하신 후 결과를 알려 주시기 바란다.'고 월남전 한국군 파병을 먼저 제의한다.

그때까지만 해도 케네디는 한국군 참전을 생각하지 않고 있었으나 박 의장의 이러한 제의에 케네디는 예정에도 없던 두 차례의 정상회담을 갖는다.

박 의장의 이러한 제의에는 몇 가지 목적이 있었다. 첫째, 자신의 과거 남로당(한국군책) 관련 경력 때문에 아직도 자신을 의심스런 눈으로 바라보는 미국의 일부 지도자들의 신뢰를 이번 기회에 획득, 튼튼한 정권 기반 및 장기 집권의 기틀을 다진다. 둘째, 쿠데타로 인한 약체 정권의 약점을 이러한 방법으로 미국 정부에 환심을 사서 정상적인 정권으로 업그레이드시킨다. 셋째, 그렇게 해서 절박한 미국의 경제 원조를 이끌어낸다.

결국 자신의 입지를 굳힘으로써 장기 집권과 경제발전을 이루기 위해 치밀하게 계획된 박 의장의 베트남 파병 제의였던 것이나.

이렇게 해서 바로 뒤에 벌어진 케네디 암살로 후계자가 된 잔슨 대통령은 미국 내 반전여론과 국제사회의 지지를 얻지 못하고 있는 시점에 미군 증파가 어려워지자 드디어 박 의장의 제의에 따라 한국군 1개 사단 파병을 정식으로 요청한다.

이에 따라 한국군은 최대 5만 명 수준까지 베트남 전선에 투입되어 만 8년 8개월간(1965~73) 연인원 약 32만 명이 베트콩(베트남 공산군)과 전투를 벌인 것이다.

잔슨 대통령은 1966년 10월 31일 증원군 파병을 요청하기 위해 한국을 방문한다. 그러나 이미 5만 병력을 파견하고 있는 마당에 북한의 위협을 의식해 더 이상의 파병은 위험하다는 한국 측 반응을 듣고 떠날 수밖에 없었다. 어쨌건 베트남 전쟁 중 한국군 파병으로 미국은 자그마치 경비를 24억 달러나 절감할 수 있었다.

한편 베트남전 파병으로 한국은 뼈아픈 전사자(5천여 명)와 전상자(1만 5천여 명), 고엽제 희생자(11만여 명) 등 막대한 피해를 보았지만 애당초의 목적이었던 국군 현대화를 위한 1억 5천만 달러 차관, 파병군의 모국송금 2억 달러 등 베트남 특수로 한국은 총 10억 달러를 벌어들이는 달콤한 열매를 얻는다.

그중 국군현대화 차관 1억 5천만 달러는 오늘날 한국 경제 발전의 초석이 된 경부고속도로 건설에 쓰였다.

한국경제가 급속도로 성장한 근본 동기는 무엇보다도 남한의 공산화를 겁내던 미국 정부였다. 전 세계에서 공산화된 나라들을 분석한 결과 모두가 빈약한 경제가 그 원인이었음을 알게 된 미국은 박정희 정권이 정치자금 창출을 위해 장난을 치다 파탄을 낸 증권시장과 화폐개혁의 실패로 경제가 극악 상황에 처하자 민중 봉기 등의 위기감을 느껴 미대외원조처(USOM 및 AID)를 통해 적극적으로 한국경제 성장을 위해 뛰어든다. 당시 북한이 세계 경제 순위 50위, 남한이 101위였으니 한국 국민들의 봉기는 쉬 짐작할 수 있었으리라.

박정희가 매달렸던 '대기업 및 포스코' 위주의 경제정책으로는 절대로 한국경제가 일어날 수 없다고 판단한 미국은, 미국이 제시한 '수출주도형 경제개발정책' 등 미국의 제안을 무조건 반대로만 고집을 세우는 박정희에 여러 차례 실망을 했고 이러한 미국의 제안을 받아들일 때까지 그때 그때 경제 원조를 중단하는 채

1966. 11. 1. 중부전선을 시찰한 잔슨 미대통령(좌), 다음이 박정희 대통령, 그 우측 두 번째가 수행 취재 중인 저자

찍질을 했다. 미국이 예상한 대로, 그때마다 답답해진 박정희는 미국의 제안을 수용할 수밖에 없었으며 이러한 문제점은 박정희 에게 경제학을 가르칠 유능한 경제학자까지 개인지도 교수로 파견하는 조치를 취해야 했다.

드디어 박정희는 미국의 제의에 따라 무능한 경제 관련 장관 등 참모들을 경질할 수밖에 없었다. 미국이 제시한 수출주도형 경제개발 정책을 이행하기 위해서는 보다 유능한 참모들이 필요했기 때문이다.

이렇게 미국이 주도한 한국의 수출주도형 경제정책은 세계가 깜짝 놀랄 만큼 빠른 속도로 한국 경제를 성장시켜 나갔다.

물론 박정희 정권은 이 모두가 박 전 대통령의 작품인 듯 국민들을 세뇌시키는 데 성공한다. 그러나 한국의 눈부신 경제 발전은 미국의 적극적인 제의로 이뤄진 수출주도형 개발정책을 기관차로 한 베트남 전쟁 희생자(5천여 명의 전사자)들 및 32만 참전용사들, 또 서독에 파견돼 죽도록 고생했던 수많은 광부들과 간호사들의 막대한 액수의 송금 그리고 구로공단(현 디지털단지) 등 전국의 근로자들의 피와 땀으로 이뤄진 총합체가 그 밑거름이 되었다는 움직일 수 없는 사실을 유능한 경제학 교수 등 알만한 인사들은 다 알고 있는 사실이다.

03

개신교인들의 불교사찰 침입을 보고

몇 해 전, 개신교 신자들이 공격적 선교의 하나로 서울 봉은사에 몰래 침입해 법당 안팎에서 '절이 무너지라'는 내용의 개신교식 기도회를 열고 우상타파 등을 주장하는 내용을 담은 이른바 '봉은사 땅 밟기' 동영상을 만들어 온라인 매체를 통해서 전국에 퍼트렸다고 한다.

또 대구지역 일부 개신교인들은 대구기독교총연합회의 이름으로 '동화사 땅 밟기'라는 동영상을 만들어 배포했는데, 그 줄거리는 대구 지하철 참사 등 대구의 모든 불상사가 불교 사찰이 많기 때문이라는 내용이라고 한다.

모두가 어린이들 싸움질을 구경하는 느낌이다. 어른들의 일치고는 너무 상식에서 벗어나기 때문이다.

그동안 일부 개신교 목사 및 신도들은 우리 한국민의 조상인 단군상과 불교의 불상이 우상이라며 전국에서 수많은 단군상과 불상의 목을 잘라버리는 추태를 벌여 왔었다. 심지어 서울 화계

사는 개신교인들이 그간 서너 차례나 방화를 한 것으로 현지 경찰은 보고 있다.

불교계는 그때마다 화계사를 재건했고, 당시 천주교 대표였던 김수환 추기경은 개신교인들 보란 듯이 준공식 때마다 나타나 재건을 축하하는 메시지를 전하는 모습을 보여주어 일부 개신교인들을 제외한 대부분 국민들의 존경을 샀다.

이명박 대통령의 서울시장 시절, '서울시 봉헌' 발언은 서울 시민 90% 이상이 개신교인으로 착각한 게 아니냐는 대부분 비개신교인들의 핀잔을 들어야 했다. 지금의 이러한 일부 개신교인들의 행패는 이명박 장로의 사고방식과 일맥상통하는 것으로, 우리는 이들이 앞으로 또 어떤 몰상식한 짓을 자행할지 예측조차 할 수 없는 세상에 살고 있다.

한국의 불교는 서기 372년 고구려의 소수림왕 때 중국에서 들어왔으니 무려 17세기 동안의 긴 세월을 한국의 종교로서 자리해 왔다. 그러기에 한국의 문화는 바로 불교 유산일 수밖에 없는 것이다.

그 오랜 세월을 우리 조상님 대대로 신봉해 오던 불교를 이제 백여 년의 역사도 채 안 된 개신교인들이 우상숭배 운운하며 불리적으로 배척한다면 일부 개신교를 제외한 모든 종교인들을 비롯해 조상님들에 대한 효도가 무엇인지를 아는 대부분 국민들의 지지는 결코 받지 못할 것이다.

한 가지 이해가 안 가는 점은 유교, 불교, 천주교 등 모든 한국의 종교가 개신교인들이 주장하는 우상숭배, 즉 제사를 지내고 있는데 왜 개신교인들은 그중 불교만 괴롭히는 것일까? 그만큼 한국 불교의 뿌리가 탄탄해서 두려운 탓일까? 그래서 한국의 대표적인 문화관광 상품으로 해외에 홍보하고 있는 템플스테이 예산 지원 저지 운동 등 개신교인들의 배타적 공격은 계속되는 것일까? 특히 개신교인들은 자신들이 받들고 있는 물질로 형상화된 십자가 그 자체가 우상임을 알고나 있을까? 남의 것은 우상이고 내 것은 우상이 아닌가?

지금이 중세기도 아니고 21세기에 살고 있는 우리다. 내게 피해를 주지 않는데도 내 뜻에 안 맞는다고 무조건 타 종교인들을 괴롭히는 행위를 과연 사랑의 예수님이 좋아하실까? 상대방을 존중하고 인정하고 배려하는 자세야말로 민주시민의 기본자세임은 두말할 필요도 없는 상식에 속한다.

다른 사람의 생각이 나와 다를 뿐 틀린 것은 아니라는, 또 남의 생각이 진리일 수도 있다는 생각은 인간이 불완전한 존재임을 인정하는 모든 종교인들이 지녀야 할 바탕인 겸손에서 시작되는 것이다.

기독교 국가들인 미국·유럽 등 앞서가는 모든 나라도 요즈음은 자국 내의 불교·이슬람 등 각종 종교 성전에 타 종교인들이 침범한 사례가 없으니 이번 일부 한국 개신교인들의 몰지각한 행패가 외신을 타고 전 세계에 알려진다면 한국인 된 자 창피해서 어찌 머리를 들고 다니겠는가?

개신교 신자들 중에서도 이번 사태를 상식을 넘어선 창피한 기독교인의 모습이라며 불교 측에 사과해야 한다고 주장하는 분들이 압도적이라 하니 그나마 다행스런 일이다.

그래서인지 '봉은사 땅 밟기' 관련 개신교 신도들의 교회 측은,

그 후 봉은사에 찾아가 실수를 용서하라며 사과했다고 한다.

하지만 대구기독교총연합회 측은 아직 사과의 뜻이 없는 듯하다. 사과를 하는 자세도 주위의 눈이 두려워 임시방편으로 하기보다는 다시는 이런 실수를 해서는 안 된다는 각오를 가지고 사랑의 예수교인들이 될 수 있도록 신자들을 가르쳐야 할 것이다.

아울러 타 종교인들이 개신교회를 침입해 똑같은 짓을 벌인다면? 하고 사건을 뒤집어 생각할 줄 아는 지혜가 아쉬운 때다.

'예수는 사랑하나, 예수를 믿는다면서 예수를 닮지 않은 기독교 신자들은 사랑하지 않는다.'했던 인도의 성자 마하트마 간디의 따끔한 지적도 이번 기회에 다시 한 번 곱씹어 보아야 할 것이다.

헌데 이러한 사회면 머릿감 뉴스거리가 발생했는데도 한국 국내 언론 매체 중 가장 영향력이 있다는 언론사들은 처음에 모르쇠로 일관하다가 온라인 매체가 떠들어대니 하는 수 없이 소극적으로 기사를 다루는 등 얼버무리는 행동은 실망스럽기 그지없었다. 가는 곳마다 개신교인 CEO가 그만큼 많아서 자칫하면 광고가 끊기는 위험을 피해 보자는 속셈인가? 세상이 정의보다는 돈이 우선시되는 것으로 타락하고 말았다는 또 다른 증거를 보는 듯해 씁쓸하다.

04

국제법에 어긋나는 '북방한계선' NLL 이대로 좋은가?

북한이 계속 문제를 삼아 시끄럽게 굴고 있는 서해 '북방한계선(NLL = Northern Limit Line)'은 이미 1975년 키신저 당시 미 국무장관이 "일방적으로 설정된 것이기에 국제법에 위배된다. 북한의 선박과 항공기가 NLL 이남으로 넘어온 사건을 한국 국방부는 이 해역에 대해 '영해'라는 용어를 씀으로써 문제를 더 악화시키고 있다. 주한미대사관과 유엔군사령부는 이 사건에 관련해 한국의 영해나 배타적 경계수역 내에서 발생한 것이라는 한국 측 성명을 지지할 수 없다."는 입장을 분명히 했음이 밝혀졌다.

당시 휴전을 결사반대하고 북진통일을 고집하던 이승만 대통령을 믿지 못해 아이젠하워 미 대통령은 북보다 우위인 한국 해군이 북침을 못하도록 클라크 유엔군사령관에게 NLL을 만들라고 지시, 북한과의 협의 없이 일방적으로 NLL을 설정했었다는 것이다. 이러한 사실은 지난 2006년 7월 5일에 해제된 기밀문서에서 밝혀진 것으로 최근 미 블룸버그 통신이 취재했다.

그러나 그 후 북의 도발이 있을 때마다 한미 양국 군은 북한군이 1953년부터 1990년에 이르는 근 40년간 전혀 불만 없이 준수해 왔으므로 'NLL이 재협상 대상이 아니며 북한군의 NLL 침범 내지 도발 행위는 심각한 정전협정 위반'이라고 주장해 오고 있는 것이다.

그렇더라도 엄밀히 따지자면 미국 고위 관리들이 인정했듯이 NLL은 '완충지대'로 북한 측과 합의한 것이 아니라 주한 미군 사령관이 일방적으로 설정한 '해상봉쇄선'이다. 북의 남침을 막기 위한 것이었다면 '남방한계선'이 옳지 '북방한계선'이란 용어를 썼겠는가?

6·25 남침조차 '북침'으로, 또 11월 23일 연평도 포격도 '남한군의 공격에 대응한 것'이라는 억지를 쓰는 북한이라 상대하기조차 싫은 면이 없지 않지만, 현실은 냉혹한 것, 평화로운 대한민국에 북이 국지전 형태로라도 계속 귀찮게 굴어 시끄러워지면 외국인 투자자들이 따난 것은 물론이고 중국과 러시아 등에의 막대한 교역량도 대폭 감소될 수밖에 없을 것이다. 결과는 북보다는 남이 보다 큰 손실을 볼 수밖에 없다는 현실을 가볍게 넘기서는 안 된다.

북한의 서해상 도발이 발생할 때마다 쌍방은 전적으로 자기합리화를 고집해 왔다. 한국의 경우 정부(군사)당국조차 NLL이 국제법상 문제가 있는 것이기에 '영해 침범'이라고는 주장하지 않는데 일부 몰지각하고 선동적인 언론인, 평론가, 교수들이 아무런 사실 인식의 근거도 없이 북한 해군함대의 '한국 영해 침범'이라고 선동해 왔다.

이러한 한국의 일부 언론인의 작태는 지난 냉전 반공주의, 반평화 군사독재 시대의 무책임성과 어용성과 경박성을 조금도 청산하지 못한 반공 선동주의를 그대로 드러내고 있는 것이다.

그리고 그들의 말을 맹목적으로 따르는 대부분의 한국 국민은 60여 년간 길들여진 대로 거의 조건반사적으로 '또 북한공산도당이 저지른 악랄한 휴전협정 위반행위' 정도로 단정하고 규탄한다. 저번 서해상 해군 충돌의 전체 과정을 통해서도 그러했다. 이러한 국민정서는 언제나 사건과 사태의 진상 규명을 스스로 거부하는 위험한 고정관념이 아닐까?

남북한 간의 행위를 놓고 사태의 전모를 철두철미하게 검증해 보면 남북한 어느 한쪽은 전적으로 결백하고 다른 쪽은 전적으로 위법자라는 식의 도식은 성립되지 않는다는 것이 전문가들의 견해다.

그동안 서해 북방한계선을 넘어온 북한 해군 함정을 '남한을 공격하기 위한 영해침범'으로 신중치 못한 한국 언론이 대서특필했다가 그 후 '북한의 어선을 보호할 목적'이었음을 정정 보도한 실례(『한국일보』 특종기사)도 있었고 또 북한 어선은 말할 것도 없고 우리 어선들도 NLL을 넘어가서 어로 행위를 한 침범 사례 또한 흔히 있는 사실로 알려져 왔다.

전 세계의 이목이 집중되어 있는 서해 NLL에 전운이 감도는 이때 '오기' 또는 '기 싸움'으로 결과를 그르치기보다 지난 2007년 10월 2차 남북정상 회담 때 NLL 해역을 평화의 바다로 만들기 위한 '서해평화협력특별지대'를 논의하다가 이명박 정부가 들어선 이래 중단되어 버린 '서해 평화를 위한 노력'을 다시 시작해서 다시는 NLL 때문에 남북 간 군사적인 문제가 발생하지 않도록 지혜를 모으는 것이 남북한 모두에 득이 되는 일이 아닐까?

  신중치 못한 정부의 선택으로 만일 남북한 전쟁이 발발한다면 남북한 동포인 군, 민 총 1천만 명(미 헤리티지재단 선임연구원 킬링너의 시뮬레이션 결과)의 공멸을 자초한 대한민국 역사상 최악의 정권으로 기록된다는 사실을 명심해야 할 것이다.

05

미 언론도, 그래그 전 주한 미 대사도
— 천안함 사건 원인은 '어뢰' 아니다

천안함 사건이 발생한 후, 미국 정부의 입맛에 맞는 보도만 하는 큰 방송 신문과는 달리 미국의 군소방송인 알티아메리카RT America-TV 방송의 유명한 탐사보도 전문 웨인 멧슨Wayne Madsen 기자는, 천안함 사건은 북한의 짓이 아닌, 만기가 되어오는 일본의 오키나와 미군기지 사용 기한을 연장하기 위해 만들어진 한·미·일 세 정부의 조작극이라고 보도했다.

미국에서는 RT 방송뿐 아니라 기타 주요 방송까지도 한국 정부의 발표와는 달리 천안함 사건은 어뢰가 아닌 좌초를 의심하는 보도를 슬쩍 비친 적이 있었지만 멧슨 기자는 이 보도에서 좌초인지, 다른 나라의 잠수함이 천안함을 추돌한 것인지에 대해서는 밝히지 않은 채 어뢰가 아니라는 주장만을 한 것이다.

멧슨 기자는 이 보도에서 당시 하토야마 일 총리가 국민들에게 오키나와 미군기지를 기한이 차면 더는 미군에 사용권을 연장하지 않겠다는 선거 공약으로 당선돼 입장이 거북해진 점을 알고,

미국 극동방위를 위해 절대로 필요한 오키나와 미군기지 계속 확보를 위해 오바마가 이명박과 하토야마(일본수상)의 양해 아래 미군기지 사용권 연장을 위해 천안함 사태를 미해군잠수부대를 활용, 조작했다고 주장하면서 톤킨만 사태와 똑같은 덤터기 씌우기 작전False Flag Attack이었다고 폭로했다.

톤킨만 사건Gulf of Tonkin Incident이란 1962년 8월 2일 북베트남(월맹) 어뢰정이 미 구축함(매독스호)에 어뢰를 발사해서 큰 피해를 입히는 덤터기 씌우기 작전(이를 시작으로 베트남 전쟁을 통해 베트남 민족 3백만이 희생됨)으로 베트남 전쟁을 일으켰으나 후에 미국의 『뉴욕타임스』는 이러한 사실이 베트남 전쟁을 정당화시키기 위한 미국 정부의 자작극(덤터기 씌우기)이었음을 해제된 미 정부 비밀문서를 통해 폭로한 바 있다.

미국 역사상 수많은 경우가 그래 왔듯이, 어제까지 미국이 가장 가까이 지내 왔던 사담 후세인에게 오늘은, 있지도 않은 대량살상무기를 보유하고 있다며, 거짓말로 '덤터기를 씌워서' 이라크 전쟁을 일으켜 석유를 빼앗았던 미국임을 세상이 다 알지 않은가.

맨 처음에 미국이 천안함 사건이 북한의 짓이라며 증거로 제시한 어뢰(그것도 미해군이 제공함)가 독일산으로 밝혀졌는데 독일은 북한에 어뢰를 수출한 사실이 없다는 점, 백령도 수역은 한국 해군만이 아니고 미 해군 합동 기지와 최첨단 군장비로 북한 잠수정이 10킬로미터나 침투하고 어뢰를 발사하고 다시 원대 복귀할 가능성이 전혀 없으며 더구나 당시는 한미 합동 군사훈련 중으로 미군함도 수십 척이 가까이 있어 북한군이 남침할 엄두를 낼 수 없는 상황이었다는 점, 특히 사고 직전 미해군 '살보함'에는 심해 전문 다이버(잠수병)가 16명이나 타고 만일의 사태(?)에 대비하고 있었다는 사실 등이다.

그렇다면 미 해군은 이미 천안함 사건을 사전에 알고 미리 대비하고 있었다는 얘기가 아닌가. 그리고 천안함 희생자 46명 전원이 서민층 출신 사병뿐이었고 장교는 단 한 명도 없었다는 사실, 특히 천안함이 가라앉은 사고 해역(UDT 한주호 준위가 순직한 곳)에 미국의 동맹이라는 이스라엘 핵잠수함이 모종 사고로 함께 가라앉은 사실을 어떻게 풀이할 것이며 사고 후 16시간이 지나도록 우리 해군이 희생자 구출 작업을 하지 않고 모종 지시(잠수함에서 시신 이동작업 완료 후에 있을)를 기다린 행동을 어찌 설명할까? 또 전례 없이 주한미대사 등 미국 정부 고위 관리들이 사고 현장에까지 나와 예의를 갖추는 등 수수께끼가 한둘이 아닌 것이다.

그러나 그동안 엉성한 이명박 정부의 발표는 계속되었다. 즉, 국방부 합조단은 잉크 성분이 '한국에서는 쓰이지 않는 성분'이라고 주장했지만 모나미 매직펜 제조회사 관계자에 의해 '한국에서도 주로 쓰이는 성분'이라는 사실이 밝혀졌다.

또 1번의 '번'이라는 글자는 북한에서 쓰지 않는다는 것. '번'은 일본식 표현이며 북한에서는 '호'를 쓴다는 것이다. 실제로 '4호'라고 쓰인 북한 무기가 수거된 적이 있었는데 북한 측이 '우리는 어뢰에 손으로 번호를 쓰지 않고 기계로 박는다.'고 주장했듯이 이 무기에 있는 '4호'라는 글씨도 기계로 박은 것이었다.

어뢰가 폭발했는데 그 폭발지점과 가장 가까운 곳(함 내)에서 발견된 어느 시신에서도 화상은 전혀 발견되지 않았다는 사실은 이 증거 하나만으로도 어뢰 폭발이 아니라는 결론을 내릴 수 있다는 게 양심적인 과학자들의 주장이다.

어디 그뿐인가? 천안함이 반파될 정도의 폭발이 일어났다면 그 충격은 가히 상상이 가고도 남는다. 헌데 이러한 충격에도 두 동강이 난 함 내의 형광등이 전혀 깨진 것이 없고 멀쩡히 달려 있었다는 사실은 어뢰 폭파가 확률적으로 거의 불가능하다는 과학자들의 주장을 뒷받침하는 것이다. 이것은 어찌 보면 물기둥이 없었다는 것과 일치되는 대목이다. 어뢰폭발로 군함이 침몰했는데 물기둥이 없었다는 예는 세계 해전 사상 없는 일이라니 말이다.

결국 천안함은 어뢰폭발이라는 순간적이고 엄청난 충격에 의해 반파된 것이 아니라 어느 정도 시간을 두고 서서히 진행되다가 압력이 임계점에 다다랐을 때 '쾅'하고 갈라져 반파되었다며 합조단 조사결과에 대해 이견을 제시한 서재정 미 존스홉킨스대 교수, 이승헌 버지니아대 교수, 양판석 캐나다 매니토바대 교수, 미 잠수함 전문가 안수명 박사, 그리고 김광섭 박사 등의 주장이 훨씬 설득력이 있는 것이다.

불행히 국내의 과학자들은 정부의 연구비로 살아가기에 정부가 싫어하는 소리를 낼 수 없는 어용학자가 될 수밖에 없다는 게 오늘날 국내 과학자들의 한계란다.

이러한 사실들은 살아남은 해군 장사병들이 다 알고 있는 내용들이다. 얼마나 떳떳치 못했으면 정부 당국이 생존한 장병들의 외부 접촉을 철저히 차단하고 있겠으며 전문가들로 구성된 러시아 조사단이 불평했듯 이들이 요구한 중요한 내용의 공개를 거부했겠는가.

그리고 어뢰폭발이라면 엄청난 고열이 상식인데 전혀 화력에 녹은 흔적이 없는 전선 피복(전선을 싸고 있는 플라스틱 껍질) 등등…. 어뢰 폭발의 증거는 전혀 없는 반면, 어뢰 폭발로 인한 것이 아니라는 증거는 얼마든지 있다는 것이다.

2~3년은 자라야 할 만큼 큰 조가비(일명 '조개'가 들여다보이는 어뢰 구멍이 너무 작아서 조개를 인위적으로 집어넣을 수 없음)가 문제의 어뢰 속에 딴딴하게 붙어 있었던 증거를 보아도 이 독일산 어뢰는 발사된 지 아주 오래된 것임을 입증한다. 또 이 조가비는 서해에서는 자라는 종류가 아니라는 데서야 더 할말이 없는 것이다.

이렇게 많은 의문점에 대한 속 시원한 답변을 정부가 내놓지 못하는 한 양심이 있는 과학자 및 의식이 올바른 국민들은 천안함이 북한 어뢰의 희생물이라는 발표를 믿지 않을 것이다.

그럼에도 이러한 이명박 정부의 발표 내용을 믿지 않는 국민들에게 '종북'이니 '좌빨'이니 한다면 정권 나팔수를 자임하는 조·중·동 그리고 KBS·MBC·SBS·YTN 기타 종편방송 등에만 뉴스를 의존하는 의식 수준 미달의 국민들이나 박수를 칠 일이지, 한겨레, 경향, 온라인의 오마이뉴스, 미디어오늘, 서프라이즈, 프레시안, 서울의소리, 뉴스타파, 고발뉴스, 팩스티브이 등의 독자들 시청자들 기타 트위터, 페이스북 등 SNS에서 정세를 파악하고 있는 젊은 세대들에게는 전혀 설득력이 없을 것이다.

즉, 온라인 뉴스를 이용하는 젊은 세대는 이미 천안함이 북한의 짓이 아님을 오래전에 알고 있었다는 얘기다.

한편 만 31년이라는 긴 세월을 미 CIA 요원으로 재직하면서 전 세계 66개국에 파견돼 근무했던 그레그 전 주한 미 대사는 미얀마·베트남·일본·한국 등을 두루 거친 국제 정보통 외교관 출신으로 지난 2011년 12월 1일과 2일 미국 언론과 국내 언론에 충격적인 내용을 밝혀 큰 뉴스거리가 됐다.

그가 무슨 얘기들을 했나 알아보자.

"천안함 사건이 제2의 '톤킨만 사건'이 될 것을 우려한다."

"러시아 조사단이 군(한국) 당국의 방해를 받아 모든 증거 자료에 접근하지 못했고, 실험을 해보는 것도 허용되지 않았기 때문에 좌절할 수밖에 없었을 거라고 생각한다."

"(한국 합조단 발표에 따르면) 천안함은 어뢰 발사로 인해 발생한 버블제트에 의해 단번에 두 동강 나 침몰했다고 했다. 북한 사정을 잘 아는 러시아는, 북한이 이런 수준의 고성능 무기 제작 능력이 없고 보유하고 있지도 않다고 판단하고 있다."

"천안함 사고 해역은 암초와 어망, 기뢰 등이 얽혀 있는 복잡한 지역이어서 사고일 가능성이 있다."

"정보기관(CIA) 고위간부 출신인 내 판단으로는 북한이 3차 남북정상회담을 제안하고 이희호 여사를 초청, 평양 방문을 추진하던 상황에서, 남한 군함을 격침시켜 스스로 (남북관계의) 일정을 흩트린다는 건 이해되지 않는다."

"러시아의 조사 결과가 이명박 대통령에게 큰 정치적 타격을 주고 오바마 미 대통령을 당황하게 만들 수 있기 때문에 공표를 하지 않았다." 등등이다.

우리 국민들이 일방적인 정부 발표만 들어오던 것과 얼마나 거리가 먼 얘기인가? 일부 한국 국민들은 그레그의 발언을 듣고, 또 그레그 전 대사 역시 빨갱이 괴수·좌빨·종북처럼 보일 수도 있겠지만, 그레그의 위치가 백악관에서 어떤 위치를 차지하고 있는지, 또 그가 미 정보국의 고위직 공무원으로 늙었다는 사실 등을 생각하면 이러한 얘기를 근거 없이 지껄일 수 없음을 알 수 있을 것이다.

미 CIA의 최고상을 수상할 정도로 미국 정부의 신뢰를 받고 있는 그레그 전 주한 미 대사는 한국 등 아시아는 물론 중남미와의 큰 외교 마찰이 있을 때마다 백악관이 자문을 구하는 거물급 정보통 외교관임을 안다면 주한 미 대사를 지낸 다른 외교관들과는 그 위상이 다르다는 사실도 알 것이다.

이러한 거물급 인사가 천안함에 관해 한국 정부와는 정반대가 되는 내용을 언급할 때는 그 뒤에 미국 정부가 버티고 있으리라는 점은 쉬 짐작하고도 남음이 있을 것이다. 그간 미국 정부는 그때그때 100% 한국 정부 발표대로 전 세계에 재탕해서 발표해 왔는데 이제 와서 발을 뺄 때가 되었다 해서 바로 미국 정부가 직접 나설 수는 없는 법, 내용적으로 절대 신뢰하는 그레그 전 대사를 내세울 만하지 않은가! 하긴 최근에 천안함 사건에서 발을 빼는 듯한 미국 정부의 제스처를 일부 국민들이 눈치 채지 못한 것은 아니다.

그러면 왜 미국이 처음부터 한국 조사단의 천안함 조사 결과 발표를 뒷받침했을까? 당시 미 해군은 한국 해군과 서해상의 가까운 거리에서 합동훈련 중이었으니 미군은 천안함 사건을 누구보다도 철저히 알고 있을 수도 있을 것이다. 또 북한의 잠수정이 남하했다면 이를 놓칠 미 구축함임을 믿을 사람도 많지 않을 것이다.

그러나 이 사건을 우선 자기 나라 이익을 위해 100% 이용하고 그 후 언제 그랬냐는 듯 발을 빼면 되는 것, 그것이 바로 미국의 대외 정책이 아니던가?

그럼 미국이 이 사건으로 무슨 이득을 취했냐는 의문이 생길 것이다. 미국의 RT 방송 멧슨 기자의 보도처럼 미국은 천안함 사건을 통해 오키나와 군사기지 사용 연장과 콧대를 숙일 줄 모르는 북한을 이번 사건으로 뒤집어씌워 북의 외화 유통을 옥죄일 수 있는 두 가지 목적을 완벽하게 달성했다. 그것만으로도 모자라 당시 미국은 천안함을 미끼로 한국에 3억 달러 상당의 무기를 팔아먹을 수 있었다.

이제 미국이 더 이상 한국의 천안함 사건 거짓 조사 내용을 뒷받침해 줄 이유가 있겠는가? 이라크 침공 이유를 대량살상 무기 때문이라고 국민을 속이고 침공 후 오일을 모두 자기 것으로 하는 데 성공한 후에는 대량살상 무기는 잘못된 정보였다고 오리발을 내놓는 등이 미국의 사례는 인새나 변함이 없어 왔다.

천안함 사건의 원인이 어뢰가 아니라는 사실을 과학적으로 여러 차례 밝혀 온 미국 잠수함 전문가 등 함선 폭발 전문 재미 한인 과학자들의 이와 같은 천안함 관련 논문이 세계에서 가장 권위 있는 과학 전문지인 네이처Nature에 실렸다는 사실은 재미 한인 과학자들의 천안함 관련 주장이 전 세계 과학자들에게도 인정을 받았음을 입증하는 것임을 간과해서는 안 될 것이다.

국내 말고 해외 과학자들은 이미 오래전부터 천안함이 어뢰가 아닌 다른 이유로 침몰됐음을 알고 있었다는 뜻이다.

그게 아니라면 국내의 어용학자들은 왜 반박논문을 네이처 등 세계적인 과학잡지 등에 싣지 못하는가? 국내 어용 과학자들의 억지 주장이나 침묵이 얼마나 답답했으면 미국 내 한국인 과학자들이 국내에서 책으로까지 출판, 천안함 사건의 진실을 밝혔겠는가!

06

내 국적을 빼앗기다니!

1983년 1월 어느 날, 서울에 계신 어머니(당시 77)가 노환으로 입원하셨는데 아직은 위급한 상황이 아니나 천천히 귀국 준비를 하는 게 좋겠다는 동생의 국제전화가 왔다. 아우들이 모시고 있어 마음 든든했던 터였는데…. 내가 미국 이주 후 전화만 자주 드렸을 뿐, 그간 독재정권의 미움을 받은 탓으로 10년이 되어 오도록 귀국을 미뤄왔으니 불효자식일 수밖에 없었다.

좁은 한인사회라 어디서 소식을 듣고 마이애미총영사관의 이아무개 영사로부터 전화가 왔다. "식은 잡수셨어요?", "응, 모친이 입원하셔서….", "저녁때 편리한 시간에 좀 만나지." 나와는 동갑내기인 이분은 부총영사 위치에 있지만 인간적인 면에서 말이 통하는 분이라 평소에도 가까운 친구처럼 말을 트고 지내는 사이다.

동포식당 한구석에서 이분과 격의 없는 대화를 나누는 중 갑자기 "김형, 미국 온 지 오랜데 미 시민권은 가지고 있겠지?", "No!

왜 내가 국적을 바꿔?", "그래? 모친 병환이 위급하지 않으시면 시민권 수속이 오래 걸리지 않으니 아주 받아가지고 나가지", 순간 나는 충격을 받았다.

나는 "오랜 세월 미국에 살면서 왜 미 시민권 수속은 하지 않느냐며 주변 분들이 이해할 수 없다는 표정을 지을 때마다 그냥 내가 죽을 때까지 대한민국 국민으로 살지 결코 국적을 바꾸는 일은 없을 거라고 해 왔는데 이제 와서 날더러 국적을 바꾸라니? 내 글로 독재정권이 나를 싫어하는 건 알지만 꼭 그렇게까지 해야 돼?"하고 이 친구에게 언짢은 표정으로 대했다.

이 친구는 딱하다는 듯 "김형 마음속은 이해하는데 문제는 한국 국적자와 미 시민권자를 대하는 정부의 자세가 너무 달라서 국적을 바꾸지 않고 귀국하면 김형의 경우 예정대로 돌아올 수 없을지도 모른다는 걱정 때문에 오늘 보자고 한 거야. 김형이 그동안 여기저기 신문에 쓴 정부의 인권유린 관련 칼럼을 읽을 때마다 내가 뭐랬어?

'미국 이민 참 잘 왔어. 국내에 있었더라면 언론자유 쟁취를 위한 투쟁으로 감옥에 간 수많은 기자들처럼 감방에 수차례 드나들었을 텐데….'했던 내 말 기억 안 나? 그 칼럼들이 국내 정보기관에 낱낱이 비치돼 있다고 봐야 해.

그러니 내가 김형에게 이런 말을 해 주지 않고 그냥 당하게 할 수는 없지 않겠어? 꼭 시민권 수속부터 시작해야 해. 그게 친구로서 내가 해줄 수 있는 마지막 말이야."

그러고서 새삼 생각났다는 듯이 "참, 미국 여권으로 귀국하기 전날 미리 서울 가족에게 '며칠 몇 시 무슨 비행기 몇 편'으로 서울 공항 도착 예정을 알리고 집에 들어올 시간이 많이 지나도 안 들어올 경우 가족들이 주한미대사관에 미국 시민인 '반체제 기자 아무개가 도착한 지 얼마나 됐는데 행방불명이니 찾아달라.'고 전화하면 알아서 처리해 줘. 늦어도 하루 후면 집에 갈 수 있을 거야. 그게 미시민권자의 특혜지."했다.

영사 친구의 말은 옳은데 이제 별 수 없이 국적을 바꿔야만 한다는 생각에 며칠째 잠을 설쳤다.

3·1운동에 연루돼 대구감옥에서 출옥 후 광복의 그날까지 신사참배, 창씨개명, 단발령 등 조선총독부의 명령에 하나같이 불복함으로써 직장 한 번 갖지를 못하시다가, 평생 처음으로 이승만 정부의 관료가 되셨을 때부터 그 직장을 그만두신 날까지 전혀 남의 눈길을 의식하지 않고 전 중앙청 공무원 중 유일한 두루마기, 바지, 저고리의 한복 공무원으로 살아오신 아버지의 나라와 겨레 사랑. 대부분의 지식인들이 적당히 시류를 타면서 편안히 한세상을 살아갈 때 '나는 독을 차고 선선히 가리라. 마금날 내 외로운 혼 건식이 위하여(영랑 시「독을 차고」중에서) 하며 진입부도하고 건인한 일세의 넘임에도 어 않고 끝내 그 지조를 굽히지 않았던 분이었다.

아버지가 그토록 사랑하던 고향산천과 생가의 모란, 동백, 꾀꼬리, 숲, 대밭, 한 폭의 동양화처럼 펼쳐진 고향 앞바다의 정경, 거기에 거문고·북·판소리 그리고 항일 저항시들을 비롯해「내 마음을 아실 이」,「돌담에 속삭이는 햇발같이」,「모란이 피기까지는」등 자신을 안아 기르던 조국 강토의 자연을 그토록 사랑하고 노래한 그분의 뜻을 저버리는 듯한 느낌이 내 마음을 놓아 주지 않았던 것이다.

어머니가 궁금해서 또 동생에게 전화를 했다. 다행히 위험 순간을 넘기고 회복 중이시라기에 안심을 했다. 이어 동생에게 국적 이탈 문제를 어찌 생각하느냐며 공관 영사의 의견 등을 전해 줬더니 "아무런 악조건이 없이 평화롭게 살면서 국적을 바꾸는 게 아니고 입국하자마자 기관에 연행될 여건에 귀국이 불가피한 경우라면 영사님 의견이 백 번 옳아요. 어머니 병환이 언제 악화될지 모르니 빨리 국적부터 바꾸세요." 했다.

어머니가 위급 상황을 넘기셨다면 급할 게 없다는 생각에 여유 있게 나날을 보내고 있는데 오랜만에 뉴욕에 사는 옛 동지(전 서울 모 언론사 사회부장 = 당시 뉴욕 모 한국TV 사장)가 전화를 했다.

대뜸 하는 소리가 "야, 너 미 시민권 없으면 귀국하지 마. 나 이번에 혼났어. 공항에서부터 중미 가서 1주일간이나 붙들어 놓고 잠을 안 재우는 고문을 하며 괴롭히는데 미치겠더라고. 나야 미국 신문을 번역해 보도한 일밖에 없지만 넌 모두가 창작한 칼럼이니 네가 서울에 가면 한 달감이야. 그걸 알려 주려고 전화했어." 했다. 역시 영사 친구의 말이 옳았던 것이다.

그 밖에 이 친구를 통해 알게 된 사실은 그곳(정보기관) 벽에는 가나다순으로 이름이 적힌 큰 서랍들이 진열돼 있는데 자기 파일에는 자신이 쓴 기사 전부가 하나도 빠짐없이 보관돼 있다는 사실이다. 이른바 '요주의 언론인 파일'이다.

나는 번뜩 '이러고 있을 때가 아니군.' 하는 생각에 다음날 시민권 신청 서류를 제출했다. 국적을 바꿔야만 귀국할 수 있는 조국이라니 통곡할 일이 아닐 수 없었지만 이게 현실임을 어쩌랴!

전두환 독재정권 시절인 1983년 겨울 어느 날, 모국 떠난 지 만 9년 5개월 만에 서울 공항에 내리자 혹시 누가 미행하지 않나 불안으로 긴장했다. 아직은 아무 징후가 없어 동생이 마련한 차로 집으로 향하고 있는데 역시 뒤에 검은 지프차가 따르고 있지 않은가. 나는 불안한 마음으로 동생에게 "뒤 좀 봐. 저거 기관원 차 맞지?" 동생은 슬쩍 돌아보고 나서 "미국까지 가서 조용히 살지 뭣 때문에 그런 글들을 써요?" 한다. 나는 "아우처럼 국내에서 교수 생활을 하자면 죽어지낼 수밖에 없겠지. 하지만 자유의 나라에 살면서 모국의 인권유린을 못 본 척한다면 그 또한 의식이 올바른 기자의 자세는 아니지."하고 동생을 다독였더니 머리를 끄덕인다.

검은 차가 나를 연행하려 했다면 공항에서 할 것이지 그건 아니다 싶었다. 한 시간 가까이 따라 오던 검은 차는 역시 대치동 집 골목에 이르렀을 때 오던 길로 되돌아갔다. 그렇다면 이미 내가 대한민국 국적을 이탈했음을 기관원들이 정보를 통해 알고 있다는 추리가 가능한 것이다. 법적으로 이제 외국인이 됐으니 함부로 연행할 수는 없고 그러나 거처는 확인해야겠다는 정보기관의 임무였을까?

서울 체재 1주일간, 그리고 공항 검색대를 나올 때까지 별일은 없었으나 시내를 거닐 때면 몇 차례 누군가가 미행을 하는 것 말고는 별일 없이 미국행 비행기에 오를 수 있었다. 혹시 내가 국내의 민주 투사들과 접촉하지 않나 의심이라도 했을까?

미국 도착 후 공관 친구에게 술을 사며 감사의 뜻을 표했다. 이 친구는 마이애미 공관이 폐쇄될 때까지 19년 동안 지나간 많은 외교관 중 현재까지도 나와 친교를 유지하고 있는 유일한 존재다.

07

뭐? 대통령이 부정선거와 무관하다고?
— 몸통 이명박을 구속하지 않는 한 못 믿어

사이비 애국자 이승만이 저지른 1960년 3·15 부정선거 이후 50여 년간, 우리나라 역대 정권 중 국정원, 군사이버사령부, 보훈처, 국토부 등 필요한 정부기관을 총동원해서 총체적인 부정선거를 저지른 정권은 이명박 정부 말고는 없을 것이다.

박정희의 쿠데타로 집권한 이후 독재자들이 치른 선거야 말만 선거였지 실제로 국민의 선택에 맡긴 민주 선거가 아니었으니 논외의 대상이고 이명박 정부 직전 정권도 할 수 없는, 2천2백만 건의 댓글로 후임 대통령은 실소의 정권은 없었다는 뜻이다.

이명박은 자신이 저질러 놓은 4대강 등 수많은 비리를 비롯하여 후보 시절에 많은 국민들이 알아버린 BBK 사기사건 등으로 청와대를 떠난 후 다시 법의 심판을 받을 것이 두려워, 자기를 절대로 감옥에 보내지 않도록 박근혜 후보를 미는 보험에 들 수밖에 없었을 것이다. 이명박이 누이 좋고 매부 좋을 총체적 부정선거를 생색내기 차원에서라도 사전에 당사자인 박 후보에게 알리지 않았겠냐는 추측은 얼마든지 가능하지 않을까?

그럼에도 박근혜 대통령은 국정원 대선 공작 문제가 터지자 "나는 관여하지 않았다. 왜 그런 일이 생겼는지 전혀 알지 못한다. 국정원으로부터 어떤 도움도 받지 않았고 선거에 활용한 적도 없다."며 자신의 결백을 주장했다.

그렇게 자신이 결백하다면 한 나라의 대통령으로서 왜 그토록 어마어마한 죄를 지은 전임 이명박 씨를 아직도 구속하지 않고 있느냐는 것이다. 그토록 떳떳하다면 왜 부정선거를 제대로 파헤치는 채동욱 검찰총장과 윤석열 수사팀장 등 자기네 마음대로 안 되는 고위 검찰을 납득할 수 없는 억지 이유를 붙여 몰아냈냐는 것이다.

또 단순한 관권개입보다 수사방해가 더욱 커다란 범죄임에도 불구하고 검찰과 경찰을 통해 수사를 방해한 사실은 어떻게 설명할 것이며, 부정선거 사행으로 감옥에 보내야 할 사이버사 요원들을, 반대로 정부 표창으로 칭찬하는 어처구니없는 짓은 또 어떻게 변명할 것인가? 오히려 표창받아야 할 대상은 국가기관을 동원한 부정선거를 파헤치려던 채동욱, 윤석열, 권은희(송파 수사과장) 등 정의파 공직자들이 아닌가?

박 대통령이 집권 후 1년간 이 나라의 대통령으로서 누가 봐도 떳떳하고 공정하게 국가기관을 동원한 부정선거 당사자들을 의법 처리했다면 『한겨레신문』이 최근에 주최한 박 후보를 지지했던 유권자들을 상대로 표적집단 심층좌담(FGD)을 한, 8명 중 3명이나 지지를 철회한 것으로 나타나는 결과로 이어지지는 않았을 것이다. 나머지 한 분도 박 후보 계속 지지가 아닌 유보를 택했으니 전에 지지했던 분 중 50%만 계속 지지를 표명한 셈이다.

또 최근 '리서치뷰'가 휴대전화 가입자 1천 명을 대상으로 정례 조사를 실시한 결과 지난 대선 때 박근혜 후보 투표층 471명 중 39명(8.3%)이 경찰이 국정원 대선개입 의혹에 대한 수사결과를 사실대로 밝혔을 경우 문재인 후보를 찍었을 것이라 했다.

'문재인 후보에게 투표했을 것'이라고 응답한 8.3%를 박근혜 후보 득표율 51.55%에 대입할 경우 4.28%에 해당하는 수치로, 이 값을 두 후보 득표율에 반영할 경우 박근혜 후보는 '51.55% → 47.27%', 문재인 후보는 '48.02% → 52.3%'로 나타나 문재인 후보가 5.03%p나 앞서 당선되었다는 결과가 나왔다.

그 밖에도 언론노조는 "MB정권 때보다 박근혜 정부가 언론 탄압이 더욱 심하다."는 이유로 '언론정상화'를 요구하며 무기한 농성에 돌입하는 사태에까지 이르렀다.

광복 후 처음으로 김대중·노무현 두 정권의 10년간, 표현의 자유를 만끽했던 국민들은 이명박 정부 들어서서 민주주의가 엄청 후퇴하는 상황을 보고 놀란 데 이어 '설마…'하며 기대했던 박근혜 정부가 이명박 때보다 더한다는 사실을 알고 현 정국을 아버지 대통령 시절의 유신 시절로 되돌려놓고 있음을 깨달은 것이다.

실은 그동안 이명박에 실망한 수많은 국민들은 후임 박 대통령이 독선과 권위주의를 버리고 국민과 소통하며, 민주주의를 갈망하는 비판세력을 '종북' '용공'으로 억지 매도하는 대신 오히려 스승으로 받들어 민주주의를 바로 세워주기를 바랐다. 그때 온 국민은 기뻐 열광했을 것이요, 나아가서는 현명한 효녀 대통령 덕분에 독재자 아버지의 악랄한 이미지도 조금이나마 희석될 수는 있지 않았을까?

　수많은 국민들이 분노하는 '총체적 부정선거 비호 또는 불인정 자세', '소통 미흡', '공기업 민영화 시도와 8천5백여 명의 철도노동자들을 직위해제한 대대적인 노동탄압' '공약들의 식언' '독단적 국정 운영' 등이 납득할 수 있는 수준으로 확실하게 바뀌지 않는 한 대부분 국민들은 두고두고 박근혜 정부를 불신할 것이며 '대통령직 사퇴'를 요구하는 함성은 더더욱 고조될 것이다.

　박근혜 대통령은 '워터게이트 사건'으로 쫓겨난 닉슨 미국 대통령이 불법도청보다는 수사방해와 거짓말이 탄핵 사유였다는 사실을 잊지 말아야 한다. 닉슨의 경우는 이명박의 국가기관을 총동원한 부정선거와는 그 죄질이 비교가 안 된다는 뜻이다. 당선 후 1년간, 국민을 기만한 국가기관 부정선거의 몸통인 이명박의 구속을 피하려고 그를 비호하는 자세로 일관해 온 잘못을 바로잡아 당장이라도 그를 구속 조치한다면 대부분의 국민들은 비로소 '역시 아버지와는 다르다, 우리가 그간 박 대통령을 오해했었군.'하며 박수를 치지 않겠는가?

08

일본에 한반도 재침략 기회를 줄 한·미·일 및 한·일 군사동맹

바이든 미 부통령이 작년 말 박 대통령과의 면담에서 "미국은 계속 한국에 베팅(내가 기대하는 쪽에 돈을 건다는 뜻)할 것이다. (한국이) 미국의 반대편에 베팅하는 것은 좋지 않다. 중국 쪽에 줄을 서지 마라. 한·일 간 원만한 관계 진전을 이뤄 달라. 미국 언론은 수십억 달러를 들여서 분명코 하지 않고 한국을 지원하고 있다"는 등 독립국가 정상 간의 대화치고는 한국을 공개적으로 압박하는 인상을 풍기는 이례적인 말을 남겼다. 민주화 이후 어느 정부가 한미 관계에서 이런 취급을 당한 적이 있었던가.

대부분 국내 언론이 여기서 말하는 '반대편'을 중국으로 풀이하자 한미 당국자들이 즉각 "번역의 오류"라며 불을 끄는 모습도 보였다. 말은 옳게 해놓고 그 말이 중국을 자극할까 봐 뒷수습하려는 외교적 수사修辭 정도로밖에는 안 들린다.

지금까지의 한중 관계가 나름대로 원만했던 점을 의식, 미국의 반대편은 중국이라는 해석은 틀리지 않은 것으로 보인다. 특히 그 말이 기자들이 있는 자리에서 나왔고 연대에서의 특강 때도 같은 발언이 나왔으며 또 미-일 공조를 강조하고 있는 미국 입장에서 '중국이 방공식별 구역에 이어도를 포함시킨다.'는, 일본이 발끈한 선포가 있은 직후 일본에 들러 아베 총리를 만나고 나서 방한한 바이든의 발언이기에 그가 작심하고 중국을 지목하고 한 발언이라 추측함은 자연스러워 보인다.

미국의 아시아·태평양 재균형 정책은 바로 팽창 일로에 있는 '대중국 봉쇄 정책'을 의미한다는 사실은 워싱턴 외교가에서 공감대가 형성돼 있는 내용이다.

그런데 남의 독립국가 원수에게 그 나라의 고유 권한인 외교문제를 이래라 저래라 하는 자세는 독립국가 원수로서 너무도 당당했던 김대중 노무현 정부 때라면 상상도 할 수 없는 내용이다. 이명박 박근혜 정부 들어서서 미국 마음대로 휘둘리게 저자세를 취해 왔으니 그럴 수 있었지 않았느냐는 것이다. '강자들의 본능은 언제나 자기에게 대드는 상대를 존중한다.'는 진리를 잊지 말았어야 했다.

또 '미국인들은 수십억 달러를 들여서 불평도 하지 않고 한국을 지원하고 있다.'는 말도 그렇다. 이러한 말은 한국민들 모두가 바보가 되어 '아무 이해 상관없이 미국인들이 수십억 달러씩 우리를 무조건 도와준다고 믿고 있을 때나 통할 말이 아닐까?

한국은, 미국이 6·25 전쟁에 개입해서 3만 3천여 명의 전사자, 10만 3천여 명의 중경상자 그리고 당시 미국 GDP의 13.2%라는 천문학적 액수의 군비를 지출하는 등의 희생을 감수하면서까지

지킨 나라다. 미국이 이토록 무슨 대가를 치르더라도 포기할 수 없는 나라, 즉 아시아에서의 미국 패권을 유지하기 위한, 한국은 만년 갈앉지 않는 미국의 대중국 항공모함이라는 엄연한 사실을 모르고 있는 한국인들이 있을까?

그렇다면 막대한 미군 주둔 비용을 뻔뻔하게 한국에서 챙겨갈 게 아니라 오히려 한국에 미 군사기지 사용료를 매년 두둑이 지불하는 게 상식일 터이다. 그럴 경우 미군이 철수하면 어쩔 거냐고 묻는 자가 있다면 미국이 한국전(1950~1953)에서만 쓴 돈이 자그마치 약 3천억 달러, 현시세로 환산해서 3조 4천100억 달러(미국방예산전문가 스티븐 다겟Stephen Daggett의 2011년도 보고서)였다는 사실을 상기해야 할 것이다.

한국이 부담하고 있는 미군 주둔 비용은 매년 약 8억 달러(인상되어도 9억 미만) 정도다. 그 정도의 돈 때문에 가장 중요한 극동 군사기지를 포기하는 바보 같은 미국이란 말인가? 그렇다면 '미국이 수십억 달러를 한국에 지원하면서 불평 한 마디 않는다.'고 생색내는 발언은 완전히 주객이 전도된 뻔뻔스런 발언이 아닐 수 없는 것이다.

그런데 미국은 독도 문제를 비롯, 동해 표기 문제 등 한일 간 껄끄러운 외교 문제가 생길 때마다 지금까지 일본 편을 들어왔고 일본의 집단 자위권 행사 지지 및 군사적 역할 강화에의 측면 지원 등 일본의 군사력 증강에도 적극성을 띠어 왔다.

반면 한국을 대하는 미국의 태도는 어떤가? 핵무기를 가지고 있는 북한 군사력에 대응하기 위해서라도 북한 전역에 도달할 수 있는 유도탄 사거리를 현재의 3백에서 5백 킬로로 연장해 달라는 우리의 끈질긴 요구마저도 한국군 작전권을 쥐고 있는 미국은 '협의해 보자'고만 해 놓고 시간을 질질 끌고 있다. 그 이유는 5백 킬로라면 일본 본토까지 도달하기 때문이라고 보는 견해가 설득력이 있는 것이다.

이렇게 미국은 일본의 조선 강탈 방조, 친일파 재기용에 따르는 민족정기 및 민족주의 말살 시도, 극동방어선은 일본이라며 주한미군 무장 병력 100%를 일본으로 철수시켜 6·25를 유도해서 4백만 한민족을 희생시킨 속임수, 북진통일을 주장한다며 이승만을 제거하기 위한 에레버디 계획 및 그 연결선상의 5·16 쿠데타를 사주해서 한국의 민주주의를 40년 이상 후퇴시킨 횡포, 역대 독재정권을 계속 지지해 오면서 겉으로는 한국 국민을 위하는 척해 온 위선적 자세, 대중국 및 러시아 전선 최전방 기지로 한국 땅을 이용하면서도 기지 사용료는커녕 거꾸로 엄청난 주둔비를 받아가는 행패, 오늘날 일본군이 한반도에 출동할 수 있도록 길을 터준 어이없는 작태 등 우리 민족에게 불리한 일만 계속하고 있는 나라요, 사사건건 철저하게 일본 편임을 이제라도 우리 국민 모두가 깨닫고 숭미를 하든 친미를 하든 해야 할 것이 아닌가.

36년 강점기 동안 우리 민족에게 한 잔악한 일본의 짓을 생각만 해도 치가 떨리는데(그래서 자기 혼자만 영화를 누리겠다며 기회주의 및 이기적인 자세로 민족을 배신한 친일파가 미울 수밖에 없는 것이다.) 자기네 국익만을 챙기는 미국은 한 술 더 떠서 '아시아 재균형 정책'에 따라 대중·러 제3차 대전은 말할 것도 없고 남북한 국지전쟁이 재발할 경우도 '한미일' 삼각동맹을 강화하고 '한일'군사동맹을 추진해서 일본군을 앞세워 전쟁을 치르고 미군은 뒤에서 지원하겠다는 한민족 정서상 말도 안 되는 시나리오를 계획하고 있으니 한민족된 자 통탄할 일이 아닌가! 이러한 내용을 알았기에 노무현은 퇴임할 때까지 끝내 한미일 삼각동맹에 사인을 거부하면서 오히려 전작권 반환을 요구했으나 미국은 노무현 퇴임까지 끝내 반환하지 않았다.

불행히 숭미파 이명박 정부에 와서 미국이 하자는 대로 무조건 굽실거린 끝에 '한미일 삼각동맹' 협정에 사인을 했고 이어 박근혜 정부에 와서는 그 세부적인 내용을 담는 '한일군사동맹'을 추진 중이다. 이 '한일군사동맹'은 '제2의 을사늑약'이라 보아 틀림없을 것이니 박근혜 정부가 진심으로 국가와 민족을 위하는 정부라면 백여 년 전 우리의 역사를 되돌아보고 조국의 운명이 달린 이 문제를 심사숙고해야 할 것이다.

10년 전 한국에 귀화한 일본인 학자 호사카 유지 교수의 '을사늑약 추적기'를 보면 고종황제가 일본에 의해 독살당한 사실(그 때문에 3·1운동이 일어났다.)은 말할 것도 없고 당시 고종황제가 루스벨트 미대통령에게 도움을 요청하려 했으나 거부당한 (고종황제의 비밀특사 호머 헐버트의 회고록) 내용, 당시 일본의 한반도 침략을 간접적으로 도와준 미국의 움직임 등이 그대로 확인된다. 1905년 7월에 있었던 '가쓰라(일본 총리) 태프트(미육군장관) 밀약'을 봐도 당시 미국은 일본이 필리핀을 침략하지 않는 대신 일본의 한국 침략을 묵인, 방조하지 않았던가.

호사카 교수는 아직도 계속되고 있는 한일 간의 갈등에서 을사늑약 당시처럼 한국의 늑장대응이 변화하지 않는다면, 100년 전의 비극은 언제든지 재현될 수 있다는 경고를 잊지 않았다.

이 중요한 시점에 한국 국민 각자가 정신 바짝 차리고 미국이 백여 년 전에 이어 또다시 일본 편에 서서 한반도에 엄청난 위해를 줄 수 있는 '한일군사동맹' 만은 결사반대해야 할 것이다.

최근 아베 일본 총리의 야스쿠니 신사 참배 강행은 일제 침략으로 엄청난 고통을 당한 한국 중국 두 나라의 격분을 샀다. 중국은 댜오위다오(센카쿠 열도)를 둘러싼 분쟁으로 일본과 대립하고 있는 상황에서 아베의 야스쿠니 신사 참배에 민감하게 반응했으며 우리 정부 역시 그간 아베 총리의 역사인식을 문제 삼으며 정상회담 등을 사실상 거부해 오지 않았던가.

그렇다면 아베가 그러한 주변국들의 눈치를 보지 않고 일본의 2차 세계대전의 A급 전범들을 일본의 군신軍神으로 받들고 있다는 야스쿠니 신사를 참배한 돌출행동을 아베 혼자서의 어리석은 결행으로 봐야 할까?

거기엔 미국이 대중국, 러시아 및 대북한 전투를 예상하고 유사시에 일본군을 중국과 한반도에 진출, 작전을 수행하도록 사주하면서 이에 따르는 일본군의 군사력 강화를 위한 사기진작을 위해 미국이 뒤에서 은근히 버텨주고 있는 현실 등이 아베의 기고만장한 자만심을 부추긴 결과라 보아 틀림이 없을 것이다.

미국은 이제 전 세계를 마음대로 떡 주무르듯 했던 옛날의 미국이 아니다. 예산이 없어 해외에 나가 있는 미군의 부분적 철수를 비롯, 연방정부 행정부서가 한동안 문을 닫는 경우가 한두 번이 아니었다. 이제 미국은 3차 대전에 일본군의 도움이 절실하리만큼 경제력이 약화된 나라로 전락한 것이다.

19세기 말, 불길처럼 타오르던 동학농민운동을 진압하지 못해 조선 정부의 요청으로 조선반도에 상륙한 일본군은 10만여 명의 동학농민군을 처참하게 살해하는 등 여세를 몰아 끝내 조선을 강제로 빼앗은 사실은 불과 백여 년 전의 일이다. 그 교활한 일본군이 제2의 6·25 전쟁이 끝난 후 그냥 바보처럼 본국으로 물러나리라고 생각하는 바보가 있을까?

군사력은 그 나라의 인구와 경제력으로 결정되는 것이 상식이다. 인구는 우리의 2배 반, 경제력은 GDP로 따져서 한국(1조 2천만 달러)의 5배인 6조 달러에 달한다. 즉, 2013년 1월 현재 한국보다 열세인 육군 말고는 해·공 모두 질적으로 일본이 우월한 것으로 나타났다. 그 말은 단시간 내에 남한 군사력을 훨씬 능가할 수 있다는 뜻이 아닌가.

이렇게 주변의 세상 돌아가는 꼴을 보면 다시 백여 년 전의 역사가 되풀이되고 있는 형국이다. 우리 한민족이 정신을 바짝 차릴 때가 왔는데 과연 우리 국민들은 지금 그에 대비한 정신무장을 하고 있는가?

이러한 미국과 일본의 자세를 보고도 과연 우리 민족은 그중 몇 %나 국가 존립에 관한 위기의식을 느끼고 있을까?

광복 후 역대 정권 중 민주주의를 가장 크게 꽃피웠다는 김대중 노무현 대통령 시절에는 북핵문제를 위한 6자회담은 물론 미국의 대 북한 강경 정책을 무마시키는 등 북한문제에 관한한 대한민국이 주도권을 확실히 행사해 왔다. 당시 부시 미대통령은 핵문제에 있어 뜻대로 안 되는 북한을 함포사격과 폭격 등 강력한 군사적 응징을 계획했지만 한국에 사전 통보하는 과정에서 '정권은 믿지만 북한에의 군사적 응징은 결과적으로 우리 동포들의 수많은 희생을 내는 일이니 절대로 안 된다.'고 극구 반대한 김대중, 노무현 정권 때문에 실행할 수 없었다.

오죽 미웠으면 그 후 부시가 자기 나라를 방문한 손님 김대중 전 대통령에게 공개 석상에서 'This man'(이 사람)이라고 호칭했겠는가? 그게 자기 나라를 찾아 온 독립국가 대통령에게 할 수 있는 호칭인가? 부시 밑에서 국무장관을 지낸 콘돌리자 라이스 국무장관은 훗날 당시의 상황을 "회담은 정중했지만 우리는 북한을 다루는 방법에 대해서는 다른 견해를 갖고 있음을 분명히 했다." "그러나 김 전 대통령은 어떤 방식으로든 북한에 도전하지 않으려는 태도를 보였다."고 기록했다.

또 당시 국방장관을 지낸 로버트 게이츠도 회고록을 통해 노 전 대통령을 "반미적이고 약간 정신 나간 사람"이라고 악평했음은 노무현을 그토록 싫어했음을 입증한다. 반면 숭미파 이명박에 대해서는 "정신력이 강하고 현명하며 친미적"이라고 평해 이명박을 아는 많은 국민들을 웃겼다. 그토록 노무현이 반대하던 한미일 삼각동맹을 재깍 사인해 준 인물이니 미국으로서는 얼마나 고마운 은인인가.

그렇다면 김·노 두 대통령 시절에는 왜 그토록 한반도 문제에서 주도권을 한국이 쥘 수 있었을까? 두말 할 것 없이 남북이 서로 대화하는 사이였기 때문이다. 우리 민족 문제를 우리끼리 대화하는데 미·중·일·러는 손님일 수밖에 없었음은 당연한 일이 아닌가.

국정원이 관권부정선거 지휘본부를 운영하고, 교학사 교과서를 통해 5·16 쿠데타 합리화, 친일파 합리화 등 국민들에게 가짜 역사를 가르치려는 등 모든 해괴망측한 비정상화는 정부와 여당이 계속 저질러 오면서 신년사에서는 '비정상화의 정상화' 등을 강조한 박 대통령이다. 그 후 아직도 부정선거 등 가장 굵은 비정상화는 모르쇠로 일관, 단 한 건 정상화하는 모습을 보여주지 않는 대신, 최근에 국가기관의 총체적 부정선거를 나무라고 있는 국민의 관심을 돌려보려는 듯 "북한은 현재 김정은의 권력 강화를 위해 대대적인 숙청을 감행하면서 공포정치를 하고 있다."며 강하게 비판했다. 그게 사실이지만 그러나 한국 대통령으로서는 미래를 내다보고 이런 발언은 삼갔어야 했다. 우선 남북의 내 민족끼리 대화부터 하고 4대 열강은 각각 등거리 외교로 대한다면 그 힘이 바탕이 돼 미국으로부터 이번처럼 압박 같은 언사는 들을 수가 없었을 것이 아닌가. 오히려 북과 함께하는 한국의 심기를 건들이지 않으려고 4대 열강의 수뇌들이 말 한 마디라도 조심하지 않겠는가?

중국과 러시아가 동북 개발에 북한, 일본 그리고 여러 유럽 국가 등은 갑이식 같은 데 적극성을 띠고 있는 반면, 한국의 잠재적 외교, 대북 화해합의 통한 유라시아 대륙 진출에 있음에도 불구하고 지리적으로 가장 가까운 한국 정부만 소극적으로 대하는 현실을 보고 아베 총리는 외교 문제가 될 수도 있는 '어리석은 한국'이라고 오만방자한 발언을 함으로써 한때 양국 간 기류가 험악했었다. 하지만 이 점, 중국의 동북 개발이 성공을 이룬 후 과연 아베가 틀린 말을 한 것인지는 그때에 가서 평가를 해도 늦지 않을 것이다.

불행히 이명박 정부로 넘어 오면서부터 현 정권에 이르기까지 자주 독립국가의 위치를 망각하고 무조건 숭미로 일관하는 바람에 오랜만에 빼앗아온 6자 회담의 주도권을 다시 미국에 빼앗겼고 이어 일본이 백 년 전처럼 또다시 한반도를 침략할 수 있는 '한·미·일 삼각동맹' 체결 등 매사를 미국이 하자는 대로 끌려 다닐 수밖에 없어졌으니 한민족 된 자 이 이상 더 통탄할 일이 있겠는가.

현 시점에서 한국의 뜻있는 국민들이 반드시 결행해야 할 일은 일본군이 다시는 한반도에 발을 못 붙이도록 미국의 중요 전술인 '한미일 삼각동맹' 강화에 따르는 세부적인 내용인 '한일군사동맹' 만은 박근혜 정부가 사인하지 않도록 대한민국 국민 모두가 똘똘 뭉쳐 저지하는 일 이상 중요한 일이 없음을 재삼 강조한다.

09

불쌍해 보이는 박근혜 대통령

이 세상이 '인간의 영적 훈련소'라는 사실은 18세기를 거쳐 20세기 중엽에 이르기까지 죽음 뒤에 오는 세상을 연구해 온 수많은 정신의학 박사들과 영적 능력자들의 연구로 이미 밝혀진 지 오래다.

그 말은 우리 인생이 이 세상으로 끝나는 게 아니라 우리가 이 세상에 온 목적(영적진화)대로 훌륭하게 훈련(교육)을 마친 사람들의 경우, 새로 태어나는 저세상은 육신이 없으니 고통이 없고 평화롭고 아름다운 행복된 삶을 이어가는 반면 그렇지 못했던 이기적인 사람들은 가엾게도 저세상의 지옥에서 길고 긴 세월을 마음의 고통 속에서 살아가야 한다는 사실이다.

다시 말하면, 이 세상의 짧은 백 년 동안 내가 베풀고 살았더냐 아니면 물심양면의 탐욕 때문에 이기적인 자세로 남을 괴롭히고 살았더냐에 따라 내가 왔던 곳, 즉 본향으로 돌아간 후에 펼쳐지는 내 새로운 삶이 천국 또는 지옥으로 갈라서게 된다는 뜻이다.

영적 세계에 대해 이런 정도의 예비지식이 있다면 어느 누가 감히 내 탐욕 때문에 남을 괴롭히는 어리석음을 범하고 사후에 지옥으로 떨어지려 하겠는가.

부끄러운 애기지만 나 역시 이러한 진리 즉, 어느 무엇보다도 더욱 성공한 인생을 사는 길은, 탐욕의 노예가 되지 않고 탐욕을 스스로가 다잡아 남을 위해 베푸는 삶을 살아감으로써 사후의 영광스런 자리를 보장받는다는 진리를 터득한 것은 내 인생이 다 저문 60세 때의 일이었다.

만일 박정희가 이러한 내세관을 일찍 터득했더라면, 자신의 탐욕 때문에 민족을 배신, 일본군 장교가 되어 독립군을 토벌하고, 기회주의자답게 다시 국군에 편입, 남로당 군총책으로 여순반란 사건 재판에서 자기만 살려고 남로당 조직을 수사당국에 넘겨 당원 동지들 7백여 명을 처형시키고 5천여 명을 투옥시켰으며, 또 다시 기회주의자가 되어 미국을 등에 업고 쿠데타를 자행해서 독재자가 된 후 수많은 애국자들을 붉은 색칠을 해 살해했을 뿐 아니라, 희대의 독재자 히틀러도 하지 못했던 250여 명의 여인들을 안가로 불러들여 추잡하고 악랄한 수욕을 채웠겠는가. 이게 모두 사후의 영적 세계에 너무도 무지했던 탓이니 그의 눈앞에는 오직 '탐욕달성'밖에 없었던 것이다.

그의 딸 박근혜 대통령은 어떤가? 온 국민을 속인 총체적 관권부정선거로 당선되고 나서, 자신은 '부정선거와 무관하다.'면서도 부정선거를 자행해 국민을 기만한 악당들을 사법처리하기는커녕 이를 캐내려던 검찰총장 채동욱 찍어내기, 윤석열 수사팀장 징계, 수사팀 물갈이, 권은희 경정의 승진누락 등 부정선거의 몸통인 전임 이명박 정권의 비서실장이나 할 수 있는 짓을 하는가 하면, 근 반세기 전 아버지가 써먹으며 진실한 애국자들을 괴롭혔던 '종북' '빨갱이'의 딱지를 붙여 옥죄는 등 '북한이 없었다면 이 정권이 존립이나 할 수 있을까?'하고 의구심이 드는 기행을 계속하고 있다.

또 한편으로는 야스쿠니신사 참배, 역사 왜곡, 독도에 대한 거짓 주장을 하는 일본을 향해서는 "역사를 잊는 자 미래를 보지 못한다."(외교부 성명)고 꾸짖기도 했었다.

아버지가 군사 쿠데타를 합리화시키고 자신의 친일 행각을 변명했던 게 아직도 기억에 생생한데 이제 와서 딸은 교학사를 통해 친일 민족반역행위를 변명하고 쿠데타를 합리화한 '거짓말 역사교과서'로 미래에 나라의 기둥이 될 청소년들을 가르치려는 어처구니없는 짓을 자행하려다가 결과적으로 여동생 박근령 씨가 이사로 있다는 단 한 군데 고등학교 말고는 똑똑한 국민들에 의해 모두 보이콧 당한 수모를 당했다.

이렇게 99.9%의 민의의 행방을 확인했다면 민주 대통령답게 이를 뉘우쳐 올바로 잡을 생각은 안 하고 교학사의 가짜역사 교과서를 선진국에서는 유례없는 국정교과서로 둔갑시켜 국민들의 뜻과는 정반대로 끝내 밀어붙이겠다는 준독재적 자세야말로, 일본을 향한 '역사를 잊는 자, 미래를 보지 못한다.'는 꾸짖음을 자신이 되받아야 마땅하다고 생각하지는 않는가? 이는 역사의식이 없기 때문이다. 전 세계 독재자들의 못된 행적이 수단방법 가리지 않고 덮어 보자는 그들의 끈질긴 노력에도 불구하고 끝내 후대에 밝혀지고 만다는 사실, 바로 그게 역사라는 것이다.

미국 철학자 조지 산타야나George Santayana(1863~1952)는 "과거에서 배우지 못하는 사람은 과거를 되풀이하기 마련이다."라는 말로 과거 역사 이해의 중요성을 역설했는데 이는 역사에서 교훈을 얻는 일은 아무리 강조해도 지나치지 않는다는 말일 것이다.

오죽하면 전번 전국기독교평신도회 시국기도회에서 박경양 목사(전국목회자정의평화실천협의회 공동대표)가 "박근혜 대통령은 아버지 박정희 정권과 일란성 쌍둥이라고 할 만큼 닮아가고 있다. 박 대통령은 불행한 역사에서 아무것도 배우지 못한 듯이 아버지 행적을 뒤따라 하고 있다."고 한탄했겠는가.

또 대선공약을 줄줄이 폐기해서 '약속대통령'은 거짓말이었음을 입증한 사실마저 국민이 납득할 만한 변명을 내놓지 못하고 있지 않은가?

세계 최대의 신문 『뉴욕타임스』 1월 13일자 「정치인과 교과서」라는 제목의 사설을 보면 "일본의 아베 신조 총리와 한국의 박근혜 대통령이 자국의 고교 역사 교과서에 자신들의 정치관을 반영해 다시 쓰도록 밀어붙이고 있다."고 싸잡아 비판하고 있다. 『뉴욕타임스』 등 외신이 일본의 역사 왜곡과 우경화를 비판한 것은 새삼스러운 일이 아니겠지만 이번에 한국까지 동급으로 취급한 것은 너무도 충격적이 아닌가?

이 신문은 이어 "박 대통령은 지난해 여름, '친일은 일제의 강압에 의한 것'이라고 쓴 새 교과서를 승인하도록 교육부에 압력을 가했다. 오늘날 한국의 전문가와 엘리트 관료의 상당수는 친일파의 후손"이라고까지 지적했다.

이게 모두가 사실이지만 세계 최대 신문에서 이런 지적을 받다니 부끄러운 얘기들이 아닌가. 물론 그런 빌미는 박근혜 대통령 자신이 제공한 것이니 이 이상 딱한 일이 있겠는가. 아버지가 그 많은 친일 장교 중 유일하게 자신의 손가락을 잘라 혈서로 일본 천황에게 '개나 말이 된 듯 충성을 다하겠다.(犬馬之忠誠)'고 맹세한 사실, 박근혜 대통령도 어렸을 때 봤겠지만 청와대 안에서도 아버지가 일본군 장교복과 일본도를 즐겨 착용해서 내방객들을 놀라게 했던 이해 못할 행동도 일제 강압 탓이란 말인가?

이 밖에도 '주로 노년층의 여성들과 퇴역 한국 군인을 돈을 주고 고용, 한국 민주노총과 철도노조를 지지하며 벌인 연대시위를 못하게 막고, 겁을 주려 했고, 프락치를 고용하여 시위대에 위장 투입한 후 국가보안법과 제주 해군기지 건설을 지지하고, 한국 철도 민영화와 싸우는 한국 노동자들을 공격하는 피켓을 들게 했으며 심지어는 북한을 대표하여 노조를 지지한다는 피켓을 들어 마치 북한이 배후에 있는 것처럼 보이는 '종북 위장'까지 했다고 보도한 샌프란시스코의 '독립미디어센터The San Francisco Bay Area Independent Media Center' 등 온 세계의 언론은 부정선거로 당선된 박근혜 대통령 및 그의 비정상적 정책 관련 기사로 대한민국을 조국으로 둔 자 창피해서 못 살 지경이다.

이제 박근혜 대통령은 역사의식을 지니고 한동안 국민들을 교학사나 국정교과서로 속일 꼼수보다는 위의 예처럼 아버지 등 독재자들의 행적이 독재자 자신의 혼신을 다한 노력에도 불구하고 끝내 후세에 밝혀지고 만다는 사실을 상기해야 한다. 그리고 겸허한 자세로 자신의 발자취를 진지하고 엄숙하게 돌아봐야 할 때인 것이다. 이미 지나간 1년은 시행착오로 간주한다고 치자. 앞으로 남은 임기는 고작 4년이다. 지금이라도 어떤 것이 이기적인 삶인지 아니면 베푸는 삶인지를 분간해야 할 때가 아닌가.

 여기서 말하는 박 대통령의 '베푸는 삶'이란, 최소한 국민의 절반이 총체적 관권부정선거로 온몸이 가려워 죽을 지경인데 이를 속 시원하게 긁어 주는 것 이상 더 큰 베풂이 있겠는가. 그때 어느 종교단체나 뜻있는 국민들이 '박근혜 사퇴'를 외칠 수 있겠는가?

 그 첫 단계가 당장 이명박 일당을 부정선거의 원흉으로 잡아 가둬야 하는 것이다. 그리고 '비정상화를 정상화'하겠다는 대통령의 결의대로 국가 기강 바로 세우기에 혼신을 다해야 한다. 그때 전 국민이 박근혜 대통령을 환호할 것은 물론 그간 사실 보도로 대통령 자신과 대한민국의 체면을 땅에 떨어트렸던 외신들은 박근혜 대통령을 찬양하는 보도로 경쟁할 것이다. 그게 길게 사는 길이요, 자신의 현세를 편안하게 그리고 내세를 행복하게 하는 길임을 뒤늦게나마 깨달아야 한다.

 어디 이것이 박 대통령 부녀에만 해당되는 얘긴가? 내 영달만을 위해 법을 양심에 따라 정당하게 풀이해서 양심 있는 자 누가 봐도 정의사회 구현에 이바지했다는 판결을 외면하고, 대신 추후 크게 영전이나 기대해서 권력자의 눈치를 보고 유죄를 무죄로, 무죄를 유죄로 판결하는 '법관의 자격이 없는' 법관, 그와 동질의 검찰, 경찰, 각 행정부서 고관, 언론 등 각계의 종사자들 모두가 이타주의에 따르는 베풂 대신 탐욕만을 따르다가 저지르는 실수들임을 통감해야 한다. 인생을 저세상에 연결되는 인생까지 길게 볼 수 있는 지혜가 아쉽다는 말이다.

다시 말하지만, 현명한 자들은 우리가 몸을 가지고 살아가는 이 세상이 전부가 아니라 저세상까지를 포함해서 우리 인생의 전체로 보고 있다는 사실, 그리고 우리의 본향인 저세상의 삶이 영적훈련소에 불과한 이 세상과는 비교할 수 없는 오랜 세월임을 알고 있기에 이 세상보다는 저세상의 삶에 더 큰 관심과 무게를 두고 있다는 사실, 이야말로 진지하고도 겸허한 자세로 인생을 공부하기 전에는 얻을 수 없는 우리들 삶에서 가장 값진 보석이 아니겠는가.

추천의 글

현대사의 질곡을 조명하는 거울

"과찬과 혹평은 그 사람의 실체, 참 모습을 상실하게 한다."는 옛말이 있다. 그런 우를 범하지 않으려고 필자가 아는 만큼의 사실을 소박하게 서술하려 한다.

저자는 40여 년의 기자 생활 중 그 일부를 이민의 삶으로 삼았다. 조국과 북미의 여러 상황 속에서 필자는 저자와 30여 년의 세월을 지인으로, 인생의 선배로 함께 길을 걸어왔다.

우선 사람들이 저자와 같이 세상의 빛 속에 내세울 만한 조상을 선택해 태어날 수는 없는 일이다. 그런 점에서 그는 처음부터 소중한 유산을 하늘로부터 부여받은 분이다.

「모란이 피기까지는」이란 시로 널리 알려진 그의 부친(김영랑)의 생가는 땅끝 마을을 지나는 나그네들이 기꺼이 들르는 문학적 순례지가 된 지 오래다. 필자 역시 토담으로 곱게 둘러싸인 '영랑생가'에 한두 번 들러 여름 햇살에 녹아나는 영랑의 시혼을 마주해 본 적이 있었다.

영랑은 유명한 서정시인일 뿐 아니라 휘문의숙(현 휘문중고교) 재학 중 어린 나이(16세)에 3·1 운동에 가담, 6개월 옥고를 치르고 36년 일제 강점기에 광복 그날까지 친일 냄새 나는 글 한 줄도 쓴 적이 없이 오히려 「독을 차고」, 「춘향」 등의 항일 저항시로 버텼다.

저자는 그런 대찬 선친의 항일 민족정신을 이어받아 8순의 언덕 위에 서서도 민족양심에 붙들려 반민족적, 반역사적인 위정자들 및 불의, 부정을 저지르는 자들과 불화의 걸음을 이어가고 있다. 광야의 쓴소리, 빈 들의 외로운 외침으로 걸어왔다. 지난 반세기 역사의 굴곡 속에서 바람 언덕에 선 외로운 나무처럼 그 자리를 지켜온 것이다. 불의를 삼키지 못해 분노의 소리를 토해내는 선지자는 언제나 세상과 지배자와 불화하게 마련이다. 그 선지자란 신이 그의 입에 담아준 말을 뱉어내는 야인이다.

저자의 글을 눈여겨보면 한 가지 맥이 잡히는데 불의와 억압에 대한 끈질긴 저항의 고발장이다. 적어도 그는 비겁한 침묵을 자신에게는 결코 용납하지 않았다는 것이다. 김재준(한신대, 기독교장로회 창립자) 목사님의 묘비에 인용된 성서의 구절, "'예' 할 것은 '예'라 하고 '아니오' 할 것은 '아니오'라고만 하여라. 그 이상의 것은 악에서 나오는 것이다"(마태5-37, 공동번역)는 예수님의 말씀이 생각난다. 이 간단한 선택이 혼돈된 이 세상에서, 인간성의 한계에 의한 실수마저 없었다고 말할 수는 없겠지만 저자는 '예'와 '아니오'를 펜 끝에서 거래하거나 흥정해 본 적이 없었다.

더더욱 미국 건국 초기부터 저지른 근원적 죄악. 원주민 대학살, 흑인 노예장사, 자본식민주의와 제3세계 수탈 같은 거대 조직

악에 대해서도 여과 없이 파헤치는 용기와 예지로 독자들을 일깨우기에 부족함이 없어 보인다.

만일 '미국과 이스라엘이 해체된다면 세계 인류는 한결 평화롭게 살게 될 것'이라는 말을 상기시키는 부분이 책갈피 여기저기에서 눈에 띈다. 민주주의의 추모제를 올리고 싶어지는 이 야만의 시대에 이르러 그의 예리한 펜 끝은 더욱 빛을 발할 것이다.

이제 우리는 가지지 못한 가난을 탓할 것이 아니라 버리지 못한, 비우지 못한 빈곤을 탓해야 할 것 같다. 진정 우리 세대에 언론의 권력에 대한 아부근성, 사이비성, 상업주의, 이권속물근성을 비우지 않는 한 독자의 상실감은 계속될 것이다.

이 칼럼들은 낭만적이거나 추상적일 수 없는 우리의 역사와 현실의 엄격한 고발장임을 독자들이 감지했으면 한다. 외마디로 이 한 권의 책은 현대사의 질곡을 조명해주는 거울이라고 해도 될 듯하다. 그래서 세상을 열린 눈으로 읽는 창문, 텍스트라고 볼 수 있지 않을까? 즉 함석헌 선생의 말씀, "역사를 넘어 역사를 보고, 나를 넘어 나를 보고, 바다를 넘어 바다를 보고, 기독교를 넘어 기독교를 보라."는 깊은 뜻이 이 저서에도 담겨 있다고 본다. 저자는 사건의 저편으로 우리 시선을 이끌어 그 뒤에 숨은 음모의 정체를 간파하게 한다. 참역사를 향한 의식적 눈뜨기에로 우리를 안내하는 것이다.

이 한 권의 책이, 저자의 이 비장한 고발이 세상의 굽은 길을 바르게는 못하겠지만 하나의 모래알이 모여 아득한 해변을 이루듯이 우리 안에 분노의 물결, 풀뿌리들의 함성을 모으는 역할을 할 것으로 본다.

신학에서 논하는 '죄의 종류'가 많을 테지만 '생략하는 죄' Sin of omission, 즉 '그렇다'고 해야 할 것에 '침묵'하는 죄라는 것이 있다.

적어도 저자는 이 시대를 살아가는 언론인으로서 그런 침묵과 방조의 직무유기는 하지 않는 기자라는 데서 독자의 존경과 호감을 살 듯하다.

혹시 혹평의 명인이 그를 가학성 고발자 Sadistic accuser라고 명명할지는 모르지만 저자의 불꽃 같은 신념은 흔들어댈 수 없는 본인의 정체성이며 고백적 색깔(지문)이었다고 보아 마땅할 것이다. 이 칼럼의 모음집이 민주주의의 총체적 가치가 마구잡이로 훼손되고, 세계 언론자유 순위에서 한국이 68위('국경없는기자회' 평가자료)로 내려앉았을 뿐 아니라 실용을 앞세웠던 이명박 정권 5년간 국제경쟁력은 13에서 19위로, 거기에 더해 박근혜 정권 1년을 지나면서 25위로, 이렇게 사회적 만성피로감 증대와 박탈감, 삶의 질과 만족도가 거침없이 추락하는 준독재, 역진화현장속에 이 책이 출간됨을 두 손 들어 환호할 일이다.

이 책의 갈피를 아는 독자들은 이렇게 묻게 될 것이다. "누가 우리의 인간 존엄을 짓밟아가고 있는가? 누가 인간다운 삶과 정의를 양도하라 하는가? 누가 온갖 비리와 불의에 우리를 굴종시키려 하는가?"

이 책이 세상을 만나고, 독자 한 분 한 분을 만나는 자리에서 정의와 희망의 강물이 시작되기를 바라며 우리 다함께 그 강물의 처음 줄기에서 해방의 축제를 앞당겨 시작해 보아야 하지 않을까?

가슴속이 시린 한겨울, 바람 부는 언덕에 서면 왜 우리 눈에서는 눈물이 나는가를 다시 한 번 물어 보자.

홍순관
(미국아틀란타 거주, 전 순천평화(대안)학교 교장)

김현철 기자의 미국통신

이래도 미국을 믿을래?

인쇄 2014년 07월 10일
발행 2014년 07월 25일

지은이 김현철
발행인 서정환
펴낸곳 신아출판사
주소 전북 전주시 완산구 공북 1길 16(태평동 251-30)
전화 (063) 275-4000 · 0484 · 6374
팩스 (063) 274-3131
이메일 shina2347@naver.com   sina321@hanmail.net
출판등록 제465-1984-000004호
인쇄 · 제본 신아출판사

저작권자 ⓒ 2014, 김현철
이 책의 저작권은 저작에게 있습니다. 서면에 의한 저작인 허락없이 내용의 일부를 인용하거나 발췌하는 것을 금합니다.
COPYRIGHT ⓒ 2014, by Kim Hyeoncheol
All right reserved including the rights of reproduction in whole or un part un any form.
저자와 협의, 인지는 생략합니다.
잘못된 책은 바꿔 드립니다.

ISBN 979-11-5605-112-1   03300
값 13,000원

이 도서의 국립중앙도서관 출판예정도서목록(CIP)은 서지정보유통지원시스템 홈페이지(http://seoji.nl.go.kr)와 국가자료공동목록시스템(http://www.nl.go.kr/kolisnet)에서 이용하실 수 있습니다.(CIP제어번호: CIP2014021619)

Printed in KOREA